프로이트의 몸

프로이트의 몸

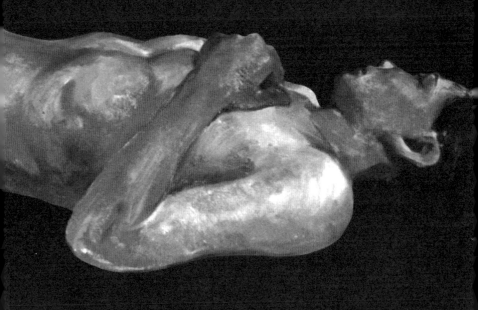

P 필로소픽

| 일러두기 |

본문의 각주는 독자의 이해를 돕기 위해 옮긴이가 단 것이고, 미주는 저자인 리오 버
사니가 단 것이다.

미셸 푸코를 기리며

목차

옮긴이의 글

이론의 폐허, 폐허의 미학

리오 버사니는 어쩔 수 없이 국내의 독자들에게는 낯선 이름이다. 그의 글이 아직 우리말로 번역된 적이 없기 때문이다. 하지만 영미문학이나 비교문학을 공부하는 사람 중에는 모더니즘 연구자, 문학이론가, 문화연구가로 평생 글을 써 온 그의 도전적 질문들과 남다른 통찰에서 알게 모르게 영향을 받은 이들이 많을 것이다. 꼭 문학을 연구하지 않더라도, 퀴어 이론을 비롯하여 동성애 관련 논의에 관심을 가져온 독자라면 버사니의 이름이나 글을 어디선가 접했을 수도 있다. 1980년대부터 본격적으로 동성애 및 동성애적 남성성을 논의해 온 버사니의 오랜 활동이 오늘의 퀴어 이론 안팎에 스며들어 있으니 말이다.

'퀴어한' 버사니를 소개하자면 그의 1987년 에세이 〈직장直腸이 무덤인가?Is the Rectum a Grave?〉를 언급하지 않을 수 없다.* 미

---

*   "Is the Rectum A Grave?" *October* 43(Winter 1987), pp. 197-222. 이 글은 원래 사이먼 워트니Simon Watney의 책《욕망의 단속: 포르노그라피, 에이즈, 대중매체Policing Desire: Pornography, AIDS and the Media》에 대한 서평으로 발표되었다.

국의 1980년대는 후천성면역결핍증AIDS에 대한 두려움으로 인해 에이즈 패닉, 즉 동성애에 대한 오해와 반감이 급속히 확산하였고, 동성애를 비롯한 성소수자를 탄압하는 정치적, 제도적, 정서적 폭력이 널리 자리 잡으면서 동성애자들에게 전례 없는 집단적 트라우마가 초래된 시기였다. 이에 대한 반작용으로, 성소수자의 존재를 사회적으로 가시화하고 보호하려는 조직적 운동 또한 활발해졌다. 1970년대 말부터 학문공동체에서 움트던, 동성애를 비롯한 다양한 섹슈얼리티를 학술적으로 담론화하는 움직임 또한 본격적으로 전개되었다. 미셸 푸코Michel Foucault의 《성의 역사History of Sexuality》 세 권이 1970년대 말에서 1980년대에 걸쳐 영어로 번역됨으로써, 이른바 '자연스러운' 섹슈얼리티가 형성되는 과정에 권력이 개입해온 역사를 비판적으로 사고하는 문제의식이 더욱 널리 공유되었다. 제프리 윅스Jeffrey Weeks가 19세기 영국 동성애의 역사를 써 낸 것도 이 시기의 일이다. 1975년 〈여성 거래The Traffic in Women〉에서 페미니즘의 관점으로 마르크스, 레비-스트로스, 프로이트, 라캉의 이론을 비판했던 게일 루빈Gayle Rubin은 1980년대 내내 동성애 및 사도마조히즘에 대한 주류사회의 도덕론적 비판에 반대하는 실천적 운동을 지속했고, 1992년에는 〈성을 사유하기Thinking Sex〉에서 젠더뿐 아니라 섹슈얼리티 자체가 "탄압의 벡터"가 된다는 점을 역설하여 섹슈얼리티 연구의 다변화에 기여하게 된다. 버사니의 〈직장直腸이 무덤인가?〉는 동성애라는 의제를 담론장의 중심에 두고 주류사회의 폭력적 규범들에 저항하고 비판했던 1980년대의 기념비적인 글 중 하나다.

　동성애를 '병적인 것'으로 낙인찍던 문화 한가운데서 버사니가 〈직장直腸이 무덤인가?〉를 통해 대항담론을 발화하는 방식은 매우 논쟁적이다. 그는 남성동성애가 섹스로 파열되는 자아, 자아를 파쇄하는 섹슈얼리티의 힘을 드러내는 계기가 될 수 있음을 강조하면서, 남성동성애가 죽음의 이미지와 중첩된다면 바로 거기서 "자랑스러운 주체성의 모델로서의 남성적 이상", "신성한 자아의 가치"가 죽어 묻히는 무덤의 아이러니한 의미를 발견할 수 있다고 주장한다("Rectum" 222). 이러한 발상의 '불경한' 독창성은 버사니를 동성애 공동체 안팎에서 논란의 대상으로 만들었고, 그래서 이 에세이는 그의 이력을 대표하는 글로 기억되기도 한다. 실제로 〈직장直腸이 무덤인가?〉는, 섹스가 본래 폭력적, 파괴적인 것이기에 도리어 섹스가 가능하게 하는 급진적 자기 파괴의 경험이 (남근중심적 권력 및 헤게모니적 이성애남성성을 포함하는) 기존 질서에 대한 비판으로 이어질 수 있다는 버사니의 사고를 단적으로 보여준다. 이러한 철학을 기반으로, 이후에도 그는 동성애가 주류사회의 타자로서 반대담론의 위상을 고수할 때 고유의 존재론적 의미를 지닐 수 있다는 입장을 견지하였다. 이것이 버사니식 퀴어 이론의 그야말로 '퀴어한' 노선이라고 할 수 있을 것이다. 1986년에 나온 《프로이트의 몸》은 〈직장直腸이 무덤인가?〉가 선명하게 드러내는 그 노선의 이론적 출발점인 동시에, 〈직장直腸이 무덤인가?〉의 도발적 동성애론으로만 환원할 수 없는 학문적 스펙트럼의 광폭과 심도를 집약하는 저서다.

이와 같은 맥락을 염두에 두면, 프로이트의 텍스트를 해체적으로 경유하여 섹슈얼리티에 대한 자기만의 관점을 퀴어한 정신분석이라 할 수 있을 법한 논의로 이끌어내는 버사니의 간단치 않은 작업을 조금이나마 더 잘 이해할 수 있을 것이다. 《프로이트의 몸》에 퀴어라는 말은 등장하지 않는다. 퀴어 이론이라는 용어가 등장하기 전에 나온 책이기 때문이다. 하지만 이 책이 몹시 퀴어하다는 데에는 의심의 여지가 없다. 동성애를 '비정상'으로 여기는 것이 옳지 않음을 일찍이 역설했던 프로이트 이론의 세부를 파고드는 책이라는 점과도 무관하지 않다. 그렇다고 해서 이 책이 동성애와 관련된 프로이트 이론을 상술하고 그에 힘입어 동성애를 '정상화'하려는 내용이라고 기대해서는 안 된다. 동성애가 이 책에서 여러 방식으로 언급되기는 하지만, 이 책의 관심사는 특정 욕망의 내용이 아니다. 버사니는 오히려 욕망에 대해 프로이트가 말하지 않는 바에 관심이 있으며, 프로이트의 텍스트가 욕망을 말하는 형식에 주목한다.

이 책의 내용을 본격적으로 소개하기 전에 물어야 할 질문이 있다. 아직도 프로이트를 읽어야 하는 이유는 무엇이며, 버사니를 거쳐 프로이트를 읽을 이유는 또 무엇인가? 오래된 책을 번역하여 소개하는 일에 분명 우려가 없지 않다. 시류가 급변하는 데 이미 낡아버린 이야기로 뒷북치는 인상을 줄 수 있으니 말이다. 하지만 욕망뿐 아니라 오늘 우리가 젠더와 섹슈얼리티를 사유하는 여러 방식은 여전히 프로이트에 크게 빚지고 있다. 그 사유가 프로이트를 비판하고 반대하는 경우라 해도 마찬가지다. 그래서 프로이트는 여전한 숙제다. 그렇지만 프로이트를 본격적으로 읽고 이해하여 무엇을 배우고 비판할지를 판단하는 건 여간 어려운 일이 아니다. 19세기 말부터 1930년대까지 쉬지 않고 글을 쓴 그의 저작이 워낙 방대하기 때문이기도 하고, 변이를 거듭하는 그의 연구가 후기로 가면서 임상연구를 넘어 초월적 담론의 색채를 띠기 때문이기도 하다. 프로이트의 논리는 쉽사리 이해하기 어려운 선회, 전복, 반복, 모순으로 읽는 사람을 당황하게 하기 일쑤다. 게다가 욕망의 실체와 성에 대한 급진적 사고를 남근중심적 규범과 권위의 언어로 발화하는 그 부조화, 텍스트 속 그 간극은 도대체 어떻게 이해해야 좋단 말인가. 인간과 문명에 대한 거시적 앎을 꿈꾸는 후기 프로이트의 모험은 또 어떻게 이해해야 좋은가. 이런 물음 앞에 멈춰선 독자에게 《프로이트의 몸》은 프로이트에 대한 하나의 독서 사례로서 영감을 줄 수 있다. 버사니는 수많은 독자가 맞닥뜨렸던 프로이트 텍스트의 난점들을 프로이트 이론이 와해하는 지점으로 보면서, 내적 균열, 스스로의 실패를 마주하는 이론이 지시하는 바를 역설적으로 심문한다.

이론의 와해라니... 무너지는 이론은 이론으로서 유효한가?

《프로이트의 몸》이 흥미로운 것은, 버사니가 프로이트 텍스트의 옹이들에서 이론의 와해를 읽기 때문만이 아니라, 바로 그 옹이들이 프로이트 정신분석을 일관된 정리定理의 체계와는 다른 어떤 것으로서 유의미하게 만들어준다는 해석을 제시하기 때문이다. 프로이트의 텍스트, 즉 이론의 '몸'에 새겨진 어떤 균열과 봉합의 흔적을 따라가는 버사니의 독서는, 인간의 욕망을 이론화하는 동시에 그 이론화에 실패하는 프로이트 정신분석의 욕망을 읽는 작업이기도 하다.

프로이트는 욕망하는 존재인 인간의 내면세계, 섹슈얼리티의 속성을 규명하고자 하였다. 인간이 주체이자 대상으로서 욕망을 경험한다는 것, 성애적 존재로서 자아를 인식한다는 것의 의미를 이론으로 정립하고 체계화한다는 것은 애당초 불가능했는지도 모른다. 그 불가능과의 씨름 자체가 프로이트의 작업이었던 만큼 프로이트의 텍스트에는 그 아포리아의 순간이 기록되어 있다. 불쾌를 배제하는 동시에 포괄하는 쾌원칙, 욕망의 궁극으로서의 죽음 본능 등은 정신분석이 밝혀내려 했던 '인간'의 모순을 현시하는 결절지점이기도 하다. 버사니에 따르면, 프로이트가 이론화하지 못함으로써 이론화하는 것은 결국 욕망이란 자아의 존립을 불가능하게 만드는 힘으로 작용함으로써 자아를 구성한다는 역설이다. 욕망이 주체를 구성한다는 사실을 이론화하는 동시에, "인간 주체를 구성하는 노력 자체를 심오하게 교란하는" 그 무엇으로 "성적인 것"을 정의하는 바로 그 역설이 바로 정신분석의 기여라고 버사니는 말한다(본문 195쪽). 이론이 폐허가 되는 자리에서 비로소 욕망하는 인간의 불가해한 모순이 어떤 앎의 부정태否定態로서 드러난다고 보는 버사니의 글은 그 자체가 정신분석적 사유로 단련된 미학적 수행이다.

이론의 욕망이 프로이트의 '몸'에 남긴 굴곡과 그 굴곡의 함수를 살피는 버사니의 눈길이 우호적이기만 한 것은 아니다. 버사니는 후기 프로이트가 쾌원칙과 죽음 본능이라는 거대한 힘의 불가사의한 작용에 맞서 에로스를 부각하는 목적론적 서사로 섹슈얼리티를 정리함으로써 정신분석의 혁명적 잠재력을 통어한다고 본다. 한편으로는 욕망의 규정불가능, 규제불가능한 속성에 대한 급진적 담론을 생산하면서 다른 한편으로는 이른바 정상적 섹슈얼리티를 규범화하는 듯한 프로이트의 이중성은 〈섹슈얼리티에 대한 세 편의 에세이〉에서 잘 드러난다. 이 글 자체가 다양한 성적 '일탈'의 일상성과 비非병리성을 강조하면서도 이성애적 '성장'으로 나아가는 일종의 발전론적 구도로 전개되기 때문이다. 이처럼 프로이트 사유에는 섹슈얼리티의 다형도착성에 대한 천착과 섹슈얼리티의 발전사적 규범화라는 서사가 곤혹스러운 길항관계를 이루고 있다. 《쾌원칙을 넘어》에 이를 무렵 결국 종의 번식이라는 차원에서 에로스를 자연화하는 방향으로 프로이트의 정신분석이 수렴한다는 것이 버사니의 비판이다. 그러나 그 비판과는 별개로, '어머니의 젖가슴을 빠는 아이'의 이미지를 모든 욕망의 원형으로 제시하면서 유아의 다형도착적 섹슈얼리티야말로 규정불가능한 인간 섹슈얼리티의 본모습이라고 주장하는 프로이트 이론을 어떻게 평가할 것인지는 물론 프로이트를 읽는 독자 자신의 몫이다.

버사니가 프로이트의 '몸/텍스트'의 옹이진 부분들을 비판적으로 전유하고 비평적으로 활용하는 과정은 정신분석이론이 퀴어할 수 있음을 보여주고 또 정신분석적인 독서행위가 퀴어할 수 있음을 보여준다. 동성애, 양성애를 포함하여 이른바 일탈로 여겨지던 여러 양태의 섹슈얼리티를 질병이나 비정상으로 치부해선 안된다고 누누이 강조한 정신분석의 퀴어한 성취를 프로이트가 이성애적 에로스의 초월성을 소환함으로써 스스로 무효화했다는 혐의가 버사니에게는 어쩌면 정신분석의 궁극적 '와해'일 것이다. 그렇다면 버사니는 정신분석이 섹슈얼리티 자체의 퀴어함에 대한 이론인 동시에 그 퀴어함에 대한 저항의 이론임을 프로이트 텍스트에 대한 정신분석적 독서로 풀어내는 셈이다. 이 책은 퀴어 이론이 여러 우회로를 거치면서도 여전히 어떤 식으로든 참조하는 프로이트 정신분석을 일찍이 비판적으로 퀴어하게 만들면서 또 시험에 부쳤다는 점에서도 의미가 있다.《프로이트의 몸》을 번역하기로 한 것은, 퀴어 이론 이전에도 이미 섹슈얼리티에 대한 '퀴어한' 사유가 이처럼 '퀴어한' 스타일로 생성되고 있었음을 알리고 싶었기 때문이다. 버사니가 이 책에서 다루는 프로이트의 논점들은 이후 다른 이론가들에 의해 활용되어 젠더 연구와 퀴어 이론에 등장하기도 한다.

버사니가 프로이트를 읽는 법, 즉 프로이트 사유의 흐름이 막혔다 풀리고 스스로 부인과 수정을 거듭하면서 낯설고도 익숙한 주장을 펼치는 과정을 따라가는 스타일이야말로 정신분석을 정신분석하는, 버사니의 퀴어한 실천이다. 이 책에서 버사니는 고통을 쾌로 경험하는 마조히즘에 대한 프로이트의 논의를 이어받아, 끊임없이 고통에 노출될 수밖에 없는 인간이 생존할 수 있는 것은 욕망의 마조히즘적 기제 때문이라는 주장으로 섹슈얼리티 자체를 재정의한다. 이 책은 또한 베케트와 헨리 제임스의 소설, 말라르메의 시, 파솔리니의 영화, 고대 아시리아의 부조 등을 프로이트와 '나란히' 놓고 읽으면서, 주체와 욕망의 의미 가능성들을 일종의 서사로 치환하려는 시도에 포섭되지 않는 형식의 미학을 탐구한다. 이 책이 예증하는 버사니의 독특한 독법은, 익숙하고도 해묵은 유사정신분석적 접근—텍스트 깊은 곳 어딘가에 무의식처럼 숨어있는 '진실'을 들춰내어 작품의 의미작용을 일관된 서사로 엮어낼 수 있다는 식의 비평—을 파괴하는 것이기도 하다. 동시에 버사니가 역설하는 섹슈얼리티의 퀴어한 파괴력은, 욕망하는 주체의 절대성이라는 나르시시즘적 환상의 근원을 뒤흔듦으로써, 자아의 우선성을 폭력적으로 강요하지 않는 관계의 가능성을 상상할 수 있게 하는 추동력이 된다. 이와 같은 사유의 흐름 속에서 버사니는 주변적 섹슈얼리티, 특히 남성동성애의 마조히즘적 특성을 자아의 절대성, 주권성을 무너뜨리는 사유와 실천의 가능성과 급진적 저항의 계기로 여긴다. 이러한 생각은 이후 그의 다른 글에서도 공통적으로 발견되며 버사니 특유의 동성애론으로 자리잡는다.[*]

　나는 이 책이 세월의 시험을 견디고, 프로이트 사유의 퀴어한 색채와 정신분석이론의 내적 모순에 대해, 그리고 그 모순이 어쩌면 뜻하지 않게 지시하는 필멸의 존재 인간의 퀴어한 속성과 인간적 앎의 (불)가능성에 대해 오늘 우리에게 여전히 유효한 질문들을 던진다고 확신한다. 다른 누군가가 보여주지 않은 방식으로 말이다. 문학을 공부하는 과정에서 실제로《프로이트의 몸》을 비롯한 버사니의 여러 저작에서 많은 것을 배운 나에게 버사니는 만난 적 없는 은사나 다름없다. 내가 그랬듯이 다른 많은 독자가 이 책에서 뭔가를 얻을 수 있기를 간절히 바란다. 그래서 나는—그의 스타일까지 번역할 수는 없었음에도—그의 문장을 일일이 우리말로 옮기는 작업이 즐거웠고, 바스러질 듯한 프로이트의 원전을 뒤적이며 버사니의 주해에 또다시 주해를 붙이는 수고가 달가웠다. 물론 이 번역서는 버사니의 글을 온전히 전달하는 기획으로서 부족함이 많다. 그것은 역부족임을 알면서도 애정을 핑계로 역자가 욕심을 냈던 탓이므로, 번역

---

[*] 　버사니의 다른 책들, 퀴어 이론의 장에 그가 미친 영향이 궁금하다면, 버사니가 〈직장直腸이 무덤인가?〉 이후로 오랫동안 벼려온 문제의식을 2008년에 출판된 《친밀함Intimacies》과 연계하여 살펴보는 글로 졸고 〈리오 버사니의 퀴어한 부정성: 친밀함을 넘어서는 친밀함의 가능성들〉이 있다(《비평과 이론》 22권 1호, 2017년 봄).

과 주해가 노출하는 미흡함에 대한 질책과 비판은 기껍고 감사하게 수용하려 한다. 이 모든 것을 알면서도 어려운 시국에 선뜻 책을 내기로 결정해 준 출판사 필로소픽, 그리고 참을성 있게 기다려 주고 꼼꼼히 원고를 살펴주신 편집부의 최지은 선생님께는 고마운 마음뿐이다. 끝으로, 2019년 갑자기 세상을 떠나신 앤드루 휴잇Andrew Hewitt 교수님 영전에 이 서문을 뒤늦은 애사哀詞로 바친다. 스승님께서 퀴어한 불경함의 아름다움을 알려주신 덕에 무지했던 내가 또 다른 문을 열 수 있었다.

서문

지난 15~20년 동안 미국과 유럽에서 엄청난 주목을 받아서 프로이트에게는 얼마나 득이—혹은 해가—되었을까?[*] 프로이트의 텍스트는 대략 해체주의 비평으로 통하는 문학 연구 분야

---

[*] 1970년 이후 프로이트의 정신분석 이론은 특히 제2물결 페미니즘의 흐름과 더불어 젠더와 섹슈얼리티를 연구하는 유용한 방법론으로 대두되었고, 젠더 연구와 섹슈얼리티 연구가 독립적인 학문 분과로 성장하는 데 큰 역할을 하였으며, 레즈비언 게이 연구 및 그와 일정 부분 궤를 같이 하는 남성성 연구를 구체화하는 데도 기여하였다. 프로이트, 라캉의 정신분석 이론을 페미니즘적으로 분석, 비평하는 게일 루빈의 기념비적 논고 〈여성 거래〉가 처음 발표되고 줄리엣 미첼Juliet Mitchell의 저작 《정신분석학과 페미니즘 Psychoanalysis and Feminism: A Radical Assessment of Freudian Psychoanalysis》 초판이 출간된 것이 1974년이었으며, 1981년에는 제프리 윅스의 《섹스, 정치, 사회 Sex, Politics, and Society: The Regulations of Sexuality Since 1800》가 출간되면서 남성 동성애에 주목하는 섹슈얼리티 연구의 발흥을 알렸다. 이러한 흐름에 이어 이 책이 1986년에 출판되었음을 감안하면 버사니의 글이 어떤 역사적 맥락에 있는지를 이해하는 데 도움이 될 것이다.

에서 특권적 대상이 되었고, 적어도 프랑스에서는 정신분석 연구 공동체에 개념적 영감을 주는 원천으로 떠올랐다. 어떤 의미에서, 이 모든 텍스트 연구가들이 그의 저작을 파고들었다는 사실은 그들이 프로이트의 명시적 의도와 주요 논지들을 가차 없이 해체할 때마저도 프로이트에게 유리하게 작용했다. 가장 점잖은 형태의 인간 쾌락과 가장 효과적으로 훈육된 인간 공동체 외의 그 모든 것에 적대적인 반동적 이데올로기라고 프로이트를 매장해 버리려는―1960년대의 대항문화적 정치에 힘입은―경향에도 불구하고, 정신분석의 위상은 그 창시자 프로이트에게서 찾아볼 수 있는 몹시 농밀한―몹시 "곤혹스럽다"고도 할 수 있는― 텍스트성textuality 때문에 더욱 높아졌다. 욕망을 정의하고 통제하는 가장 세련된 근대적 기술이라고 정신분석학을 매도하는 데 대한 치료책으로, 수많은 철학자, 정신분석학자, 문학 비평가는, 이른바 공식적인 프로이트 이론을 글자 그대로 받아들이거나 프로이트의 말과 사유가 대부분 명백히 일치한다고 가정하는 입장을 아주 고지식해 보이게 만들었다.

인간의 담론에서 의미가 차지하는 "자리"와 그 속성에 대한 문제를 제기하는 견해에 내가 공감한다는 사실은 곧 분명해질 것이다. 하지만 근래 프로이트의 텍스트에 가해지곤 했던 훌륭한 분석적 수술에서 어쩌면 가장 흥미로운 점은, 문화적 전략으로서 프로이트 텍스트의 위상이 갖는 어떤 모호함이다. 내가 방금 언급한 것과 같은 텍스트성에 대한 관점에는 어떤 문화적 전제와 함의가 있을까? 프로이트의 권위는 그의 텍스트의 농밀함으로 인해 강화되는가? 나름의 대수학적 환상과 복잡한 도표들을 정당화하기 위해서 프로이트의 절대 텍스트Master-Text에 기대는 프랑스 정신분석학자 자크 라캉Jacques Lacan의 추종자에게 그 질문의 답은 명백히 '그렇다'이다. 반면에, 다른 독서, 좀 더 철학적으로 영향을 받았을 법한 독서들은, 코믹한 혼란상태에 위태롭게 근접해 있는 프로이트 텍스트 속 긴장과 누락의 지점들을 폭로하였다.

혹은 다른 관점에서 보자면, 프로이트에서 텍스트상의 당혹textual embarrassment이라 할 수 있는 계기들(즉 자기가 주장하지 않는 내용, 주장하지 않으려 하는 내용의 압박에 프로이트가 저항하는 것처럼 보이는 계기들)에 예민해진 바람에, 정치적으로 급진적인 그의 사상 속 흐름을 우리가 더욱 의식하게 된 것일까? 그의 교란된 텍스트성을 증명하는 것이, 욕망의 규범적 전개에 대한 프로이트 이론을 액면 그대로 읽는 독서에서 느낄 수 있는 것 이상으로 그가 인간 욕망에 대해 더 "해방적인" 사상가였다고 생각하는 데 도움이 되었을까? 아니면 그 반대로, 최근 "프로이트로의 귀환"(라캉이 자신의 작업을 그렇게 규정했다)을 주장하는 일부 입장이 복잡하고 불분명하기 때문에, 욕망의 규범적 전개에 대한 프로이트 이론이 더 지적으로 존중받게 되고, 그래서 가령 프로이트 이론에서 성적 규범의 팔루스중심주의phallo-centrism 및 "신경증neurosis"이라는 바로 그 범주가 그대로 보존되고, 그 결과 확신에 찬 정신분석의 임상실천이 심리성애적 발달의 이른바 비신경증적 규범에 기여하게 된 것일까? 프로이트에 대한 그 모든 새로운 독서는 임상실천으로서의 정신분석, **텍스트를 넘어서** 제도로서의 정신분석에 대한 우리의 이해에 어떠한 영향을 미쳤는가?

이런 질문들에 내가 답하지는 않을 것이다. 어찌 보면 그 질문들은 다른 책의 서문에서 다루어져야 한다. 그럼에도 내가 여기서 그런 질문을 던지는 이유는 프로이트 텍스트에 가하는 내 나름의 수술에 대해 마땅히 제기될 수 있는 질문과 반론을 예견해 보기 위해서이다. 나는 프로이트 사유 안에서 발생하는 모종의 실패를 송축하고자 한다. "송축celebrate"이라는 말은 중요한데, 내가 프로이트 저작의 정신분석적 진실성이 어떤 이론적 붕괴theoretical collapse의 과정에 달려 있다고 주장할 것이기 때문이다. 주로 우리는 프로이트가 몇몇 텍스트에서 주요 논지라고 명시적으로 제시하는 내용이 전복되는 것을 살펴볼 것이다.《문명과 그 불만Civilization and Its Discontents》에서 주장하는 개인과 문명의 대립,《성욕에 관한 세 편의 에세이Three Essays on the Theory of Sexuality》(이하《세 편의 에세이》)가 보여주는 유아기 성욕의 발달 단계에 대한 목적론적 관점,《쾌락원칙을 넘어서Beyond the Pleasure Principle》에서 찾아볼 수 있는, 생물학에 근거하는 (삶 충동과 죽음 충동의) 이원론 옹호,《에고와 이드The Ego and the Id》에서 제시하는 심리psyche에 대한 위상학적topological 설명 등이 바로 그것이다. 이 논지들은 각각 정신분석적 사고를 규범화하는 normalizing 효과를 초래하며, 그러한 규범화를 가능케 하는 주요 요소로, 섹슈얼리티에 대한 정신분석적 관점을 지워 없애거나 적어도 길들이는 효과를 가져온다. 앞으로 우리가 살펴보겠지만, 논지의 붕괴는 그 논지가 전개되는 과정의 작용이다. 또 각각의 경우에 그러한 붕괴는 성적인 것the sexual에 대한 정신분석의 정의의 복원—즉 내가 프로이트 사상에서 가장 독창적이라고 여기는 점의 재확인—이기도 하다. 마지막으로, 규범화 의도가 프로이트 텍스트에 내재한다는 사실은 텍스트 외적인 야심, 즉 임상적으로 살아남을 수 있는 이론을 구성해 내려는 야심에 상응하는 것이었으며, 그러한 야심은 프로이트 자신의 경력 및 정신분석의 역사 전체에서 결정적인 것이었다. 그러므로 우리가 관심을 기울이게 될 그 특별한 텍스트적 농밀함은 어떤 급진적 성찰의 움직임과 그 성찰 과정 자체를 실천으로 옮기고 나아가 제도화하고자 하는 소망 사이의 긴장으로 정의할 수 있다.

철학의 역사, 특히 정치 철학의 역사에서 그러한 야심은 낯익은 것이다. 예를 들어 근대에 마르크스주의가 진화해 온 과정은, 이론과 정치적 실천 사이의—아니면 더 근본적으로는, 인식consciousness과 실천praxis 사이의—험난하고도 흔히 적대적인 관계라는 차원에서 기술될 수 있을 것이다. 그렇지만 정신분석이 그러한 적대관계의 또 다른 판형이었다면 프로이트는 그 적대관계의 조건들을 재정의할 수 있도록 우리에게 가르침을 주었어야 했다. 나는 그의 저작 속 긴장을 살펴볼 터인데, 그러면 방금 언급한 그 관계가 경험적 제약에 따라 이론을 필연적으로 조정하는 일보다 낯설고 훨씬 덜 친숙한 무언가를 드러내고 있음을 알아차리는 데 도움이 될 것이다. 그 무언가란 의식 자체에 내재하는 압력, 사실상 정신분석적 성찰의 대상인 바로 그 압력을 말하는 것이다. 정신분석은 이론적 설명 자체를 가로막고 훼손하고 망쳐 버리는 바로 그 힘들에 대한 이론적 설명을 제시하려는 전례 없는 시도이다. 이런 관점에서 보면, 이론과 실천의 대립, 사유주체와 역사의 대립은 잘못된—아니면 적어도 부차적인—대립이다. 혹은 정신분석적 용어로 말하자면 그런 대립은 사고思考 자체에 내재하는 길항을 드러냄과 동시에 은폐하는 징후적인 것이다. 다시 말해서, 그것은 의식 내부의 전략적 움직임을 드러내 보인다. 위협에 처한 합리성이 바로 그러한 움직임을 통해서 자신의 필연적인 붕괴 과정을 상상과 현실의 갈등, 주체와 객체의 갈등, 또는 가장 광범위한 차원에서 개인과 문명의 갈등으로, 즉 역사적으로는 비극적일지라도 존재론적으로는 안심을 시켜 주는 갈등으로 정식화하는 것이다.

프로이트의 저작에서는《문명과 그 불만》의 독서에서 드러나는 그러한 징후적 대립의 전략적 장점과 위험성을 다 볼 수 있다. 우선 나는 프로이트의 사고에서 임상의 중요성이 모호하다는 점을 강조하고자 한다. 공식적으로는 정신분석 이론의 검증 방법으로 정신분석의 임상실천만이 유효하다. 그러나 이론에서 임상으로의 이행은 정신분석 특유의 사고방식에서 벗어나는 길이라고도 생각할 수 있다. 정신분석적 성찰을 경험적으로 적용해서 확증한다는 생각은 성찰적 의식 자체의 기능장애dysfunctioning에 대한 일종의 교정 수단으로, 프로이트 텍스트를 이론적으로 거의 무력화하는 힘들(그럼에도 바로 이 붕괴 때문에 정신분석적으로는 유효한 것인 그 힘들)에 대한 방어기제로 작용한다. 《세 편의 에세이》에서 유아기 성욕의 단계들에 대해 논의할 때 이 점을 특히 명확하게 볼 수 있을 것이다. 유아기 성욕의 단계들에 대한 첫 번째 이론적 설명은 아동에 대한 임상적 관찰과 그다지 큰 관련이 없었던 것으로 보인다. 《세 편의 에세이》에서 그 단계들은 그 글이 섹슈얼리티에 대한 정의를 내리는 데에 실패한다는 사실에 대한 일종의 저항 혹은 부정으로 작용한다. 그 단계들은 인간의 섹슈얼리티에 앞뒤가 잘 맞는 역사론적 서사를 부여하여, 거의 식별불가능하고 탈역사적이며 어쩌면 임상적으로 존속 불가능한 것인 성적 쾌락의 본질을 가려버리는 데 일조한다. 프로이트는 《세 편의 에세이》라는 텍스트 안에서 성적 쾌락의 그러한 본질을 내세워 주장하는 동시에 "망각"하는 것이다.

정신분석은 어떤 종류의 분과학문인가? 정신분석이 분과학문의 일종이긴 한가? 스스로 일종의 분과학문으로서의 지식체계가 되고자 노심초사하는 동시에, 프로이트의 텍스트는 분과학문으로서의 지식체계라는 개념을 어느 정도로 파괴하는가? 결국, 욕망에 대한 정신분석적 성찰―마비된 것이면서 지독하게 과잉이고 환원불가능하게 역설적인 성찰―은 정신분석의 임상 실천, 인간 욕망을 재교육하는 일과 양립가능한가?

내가 보기에는 이것들이 프로이트에 대한 나의 독서가 제기하는 큰 질문들―내가 앞에서 문화적 전략이라고 언급했던 내용을 구성하는 질문들―이다. 프로이트의 텍스트를 마치 예술 작품인 양 읽어야 할 필요성을 깨달을수록 정신분석의 인식론적 위상에 대한 우리의 의심이 한층 부각될 것이다. 이 점에 대해서 많은 이야기를 하게 될 것이다. 그렇지만 출발점에서, 프로이트를 다루는 나의 비평적 과정이나 문학과 시각 예술에 대한 언급이 프로이트의 텍스트를 어떤 문화 영역에서 다른 영역으로 옮길 의도가 아니라는 점을 강조하겠다. 오히려 내 의도는 영역이나 경계라는 개념과는 매우 동떨어진 어떤 반성적 특성―일종의 성찰적 반복, 가로막힌 사고―을 환기하려는 것이다. 예술에서 나온 산물은 의식의 움직임에 대한 물질적 은유로서, 어느 특정한 문화 영역에 내재적으로 "속하지" 않고 말하자면 문화적 표현의 범위 전체를 가로지르는 것이다. 나는 프로이트 텍스트를 미적 대상으로 삼는 것estheticizing에 대해서 이야기하고자 한다. 이는 프로이트 텍스트가 그로써 다른 문화적 범주로 들어간다는 뜻이 아니라, 도리어 현실에 대한 우리의 경험을 차별화하고 구조화하는 데 적합한 양태로 범주를 정립하는 바로 그 힘으로부터 멀어진다는 의미, 혹은 "뒤로 물러난다"는 의미이다. 정신분석은 바로 그런 움직임을 이론적으로 설명하는 시도이며, 그것은 프로이트 텍스트의 변천 자체가 재연再演할 수밖에 없는 움직임이다. 우리가 살펴볼 다른 예술작품들과 마찬가지로 프로이트의 텍스트는 그 자체를 형식화하고 구조화하는 열망들을 스스로 문제시하는 만큼 "미학적인 것"이 된다. 달리 말해서 프로이트의 텍스트는, 앞으로 우리가 살펴보겠지만, 무의식적 욕망과 섹슈얼리티의 기제에 대해 성찰하는 행위가 그런 성찰을 향한 열망에 방해가 될 필요가 없다고 스스로를—그리고 우리를—설득하기 위해서 지치지 않고 자기가 발명해 내는 전략들을 스스로 좌절시킨다.

결국, 정신분석의 가장 급진적인 독창성이 **장애를 겪는** 의식 disabled consciousness 과 관련된 것이라면(나는 이것이 예술의 경우에도 마찬가지라고 주장하겠다), 정신분석이 (역시 예술과 마찬가지로) 어떤 **용도**로 합당하게 쓰일 수 있는지가 당연히 엄혹한 의문에 부쳐지게 된다. 주로 프로이트 저작의 난점은 임상치료적 실천에서 얻은 교훈에 맞게 추론적 사고를 괴로우리만치 꼼꼼히 조정했다는 점이 아니라, **사고의 작용** 그 자체의 결과라고 내가 이미 말한 바 있다. 만약 그렇다면, 임상실천에 맞추어 추론적 사고를 조정하는 것은 의식 자체 내에서 이루어지는 정신분석적 텍스트성의 작용에 대한 모종의 부정을 필연적으로 수반하게 된다. 그럼에도, 프로이트적 사고가 최강의 쾌락과 파국적 적응실패 사이의 등가성 equivalence, 존재론적으로 정초된 그 등가성에 대한 성찰(이자 그 등가성의 반영)이라면, 정신분석의 임상치료적 의도를 그저 회피적인 전술로 치부해 버릴 수만은 없다. 더 정확히 말해서, 그 회피성evasiveness 자체가, 에로스화된 eroticized* 의식의 (그리고 이제 알게 되겠지만, 내적으로 기능장애를 겪는 의식의) 파괴적 쾌락에 저항하거나 적어도 그것을 통제하기 위한 인간 노력의 역사에서 중요한 한 가지 계기를 구성하는 것이다. 그러므로 관건은 정신분석 속의 임상치료 개념이 아니라, 부적응을 치료하겠다고 나서서 바로 그 부적응의 기반을 부정해버리는 부류의 임상치료에 반박하는 일일 것이다. 그러므로 우리 중에서 정신분석의 임상실천 개념에 매달리는 사람들이 있다면, 그런 사람들은 우리가 애당초 정신분석적 치료의 불가능성을 밝히지 않았더라면 정신분석적 치료를 재발명할 기회조차 갖지 못했을 것이라는 생각으로 위안을 삼을 수 있을 것이다(그 재발명은 기꺼이 임상전문가들에게 맡긴다).

---

* 프로이트의 글에서나 버사니의 글에서 섹스와 에로스는 중첩되지만 동일한 의미는 아니다. 이는 특히 프로이트가 인간의 성적 충동, 욕망과 쾌락의 다형적이고 다중적이며 모순적인 특성을 《쾌락원칙을 넘어서》에서 에로스라는 거대담론으로 수렴하고 종합한다는 사실을 기억하면 명백하다. 원문에서 버사니가 섹스와 에로스를 엄밀히 구분하고 있지는 않지만, 섹스와 에로스는 때로 겹치면서도 구별이 필요한 개념이기에 역자는 버사니 글에서 성적 sexual인 것, 성애화sexualize와 에로스적erotic, 에로스화eroticize를 굳이 구분하여 표기하였다.

제1장

이론과 폭력

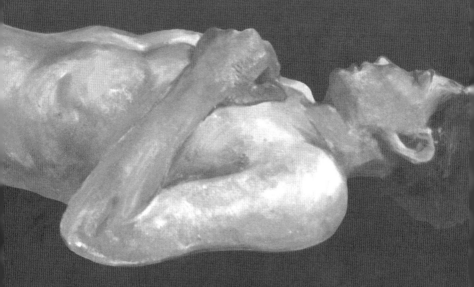

모란Moran ―사무엘 베케트Samuel Beckett의 《몰로이Molloy》* 제 2장의 "주인공"―은, 몰로이를 찾으려던 덧없는 수색 이후 집으로 돌아오는 길고 험한 여정 동안 다음과 같은 신학적 질문들에 희한하게 마음을 빼앗겼다고 말한다. "아우구스티누스와 아도바르Adobard**가 주장하듯이 마리아는 귀로 수태했을까?", "고환

---

* 《몰로이》는 베케트의 소설이다. 베케트가 프랑스어로 쓴 이 소설은 1951년에 프랑스에서 먼저 출판되었고 이후 베케트 자신의 영어 번역본이 1955년에 출판되었다. 《몰로이》는 《말론 죽다Malone Dies》와 《이름 붙일 수 없는 자The Unnameable》와 함께 베케트 소설 삼부작을 이룬다. 《몰로이》의 1장은 정체를 알 수 없는 인물 몰로이가 침거하며 글을 쓰는 이야기이고 2장은 몰로이를 찾아 나서지만 찾지 못하고 이유 없는 쇠약과 광기에 빠져 글을 쓰게 되는 사설탐정 자크 모란의 이야기이다.

** 아도바르가 누구인지는 분명치 않다. 중세풍의 이 이름은 베케트 연구자

을 잘라낸 다음 스스로 십자가에 매달린 이탈리아의 구두공 로바트Lovat 의 행동에 찬동해야 하나?"***, "천지 창조 이전에 신은 무엇을 하고 있었을까?"(프랑스어판에는 "Que foutait Dieu avant la creation"?)[1] 그래서 이 베케트 소설의 결말 부분에서 우리는 예술작품이 성찰적 사유의 여지를 만들어낼 수 있다는, 심지어 어떤 이론적 명제를 진술할 수 있다는 걱정스러운 전망으로 인해 위협을 느끼게 된다. 내가 그 전망을 "걱정스러운alarming" 것이라 하고 또 그것을 "위협"이라 하는 이유는, 모란이 그의 강박적 사색의 주제들을 나열하기 훨씬 전에 베케트가 이미 우리에게 사고 작용을 역겨운 것, 생각조차 할 수 없는 것으로 여기도록 훈련시켰기 때문이다. 나는 프로이트 이론에서나 미학적 실천에서 이론의 붕괴가 구성적 사실이라는 점을 다루게 될 터인데, 베케트의 작품에서 끊임없이 반복되는 사유의 대

들도 출처 불명이라고 설명한다. 혹자는 아고바르 드 리옹Agobard de Lyon (779-840)을 잘못 쓴 것으로 추정하기도 하고(C. J. Ackerley and S. E. Gontarski, *The Grove Companion to Samuel Beckett*, New York: Grove Press, 2004, pp. 6-7), 베케트가 12세기 프랑스의 신학자 아벨라르Abélard와 아고바르를 혼합해 만든 이름일 수도 있다고 추정하기도 한다 (Brigitte le Juez, "Words without Acts: Beckett's Parrots," in *Beckett and Animals*, Mary Bryden ed., Cambridge: Cambridge UP, 2013, pp. 214-215).

*** 이탈리아의 구두공 매튜 로바트Matthew Lovat가 1802년에 행하였다는 이 광신도적 행위는 영국의 소규모 간행물 *The Mirrour*(1882년 12월 7일 자)에 보도되었다고 알려져 있다.

학살에 대한 중의적인 오마쥬로 그를 이론의 붕괴에 선행하는 궁극의 프롤로그로 사용하고자 한다.

누가 사유하는가? 무엇이 사유하는가? 누구 혹은 무엇이 이론적 정리定理를 만들어 낼 수 있느냐는 질문은 베케트의 작품에서 그런 모든 정리의 실체에 존재론적으로 우선한다. 이론의 주체/주제subject는 인간 주체에 대한 까다롭게 아이러니한 이론 속에서 녹아 없어져 버린다. 파충류 같은 방랑의 이야기를 우리에게 전하는 몰로이의 서사는 똑 부러지고 신랄하게 재치 있고 박식하기까지 한데, 그 서사 속 어디에 실어증 상태의 몰로이가 존재하는가? 게다가, 몰로이와 모란은 둘 다 글을 쓴다. 베케트의 작품에서 이는 그들이 목소리를 듣는다는 의미이다. 우리는 처음에 이 목소리를 소설가의 목소리로 파악하려는 유혹을 느끼지만 그것은 어쩌면 받아쓰기처럼 구술되는 목소리의 **일부**로서, 글쓰기를 관장하는 기원이라기보다는 실제로 글쓰기 행위라는 하나의 일화에 불과할 수도 있다. 자신이 이야기를 듣는 이야기를 등장인물이 듣는 것이다. 마치 저자와 저 무대 밖 폭군 같은 목소리 사이의 유비관계를 무효화하기 위해서 그 유비관계를 암시하는 것 같다. 저자의 권위는 저자의 권위를 상기시키는 바로 그 움직임에 의해서 소산消散된다. 베케트의 서사는 어디에도 **귀속시킬 수 없다.** 그것은 인물의 이름과 저자의 이름 사이에서 생겨난다. 희한하게 말이 많은 이 작품 속에서 저자도, 인물들도, 파악 가능한 서술자도, 즉 어느 누구도 말하고 있지 않은 것이다.

그렇지만 베케트의 소설은 탈육화한disembodied 의식의 산물
이 결코 아니다. 그의 서사가 전적으로 문제적인 동시에 그저
관습적일 뿐인 정체성들의 틈새에서 움직인다면, 베케트는 그
러한 움직임을 언제나 몸 안에 위치시킨다. 베케트 작품 속 정
신의 유희는 비개인적이면서도 지극히 구체화되어 있고, 사고
는 정신분석적으로 표현하는 바가 없지만 몸속에 갇혀 있다는
제약으로 인해 고통받는다. 한편으로 베케트적 사고는 몸의 움
직임을 축소함으로써 몸에 대한 의존을 축소하고자 한다. 궁핍
을 표현하는 베케트의 기예技藝는, 부분적으로는, 가동성可動性,
mobility에 내재하는 소설적 허구의 유혹과 우연성으로부터 의
식을 구해 내려는 시도이다. 순수한 사유가 취할 수 있는 최적
의 자세는 관점이 심히 제한된 상태로 파충류같이 기는 자세이
다. 포복匍匐, reptation은 순수 지성에 가장 적합한 가동성의 양태
이다. 다른 한편으로 베케트에서 사유는 사유의 딜레마를 가장
정확히 반영하는 것처럼 보이는 신체 부위로 어쩔 수 없이 이끌
려 간다. 물론 항문을 말하는 것이다. 항문은 정신과 마찬가지
로, 몸이 생산하는 동시에 폐기물로 취급하는 물질을 몸으로부
터 배출한다. 사유는 철저히 비非데카르트적인 이 세계 안에서
존재를 보장해 주는 것과는 거리가 먼, 존재의 배설물이다. 이름
도 없고 경계도 없이 사고는 정신을 통과하지만, 정신은 스스로
수용하는 사고의 유창함에 대항하고 그 경로를 막으면서 몸과

의 친화성을 거의 교수법적으로 증명해 보인다. 베케트에서 변비처럼 막힌 사고의 공세는, 정신이라는 기계 안으로 불가사의하게 쏟아져 들어오는 언어적 사고의 물결을 정신적 기계가 처리하는 데에 실패한 결과이다. 진정한 존재가 언어에 선행한다는 신화는, (논리적으로는 불가능함에도 불구하고) 오직 언어만이 그 진실성을 보증할 수 있다는 점점 더 성난 깨달음으로 베케트를 옭아매기도 하고, 또한 그 어떤 논리적 담론이 진리로 내세우는 주장도 탈신비화할 수 있게 해 준다. 몸을 가졌다는 아이러니가 오염의 힘을 발휘하기 때문에 합리성의 형식들이 끊임없이 "탈-정리dis-formulated"된다.

이와 비슷한 아이러니가 물론 사유와 몸의 관계에 대한 프로이트적 모델의 특징이라고도 할 수 있을 것이다. 프로이트의 사유에서는 욕망 이론 덕분에 몸의 감각을 어느 정도는 정신적 경험으로 만들어 낼 여지가 있지만 말이다. 베케트 소설에 등장하는 쇠락한 무욕망의 존재들(또는 "이름 붙일 수 없는 자들unnam-ables")에게서는 증상symptom도, 승화sublimation도 보이지 않는다. 그들이 늘어놓는 장황한 담론 속에 그들의 몸이 들어 있지만, 그것은 그저 질문을 해대는 일종의 무감각 상태일 뿐, 욕망하는 환상이 담론 구조와 담론 논리를 파쇄할 때의 구문적, 수사적 폭력은 결코 아니다. 그렇지만 프로이트에 대한 최근의 어떤 독서—막연하게나마 프로이트에 대한 "문학적" 접근이라고 정의함 직한 독서—는 정신분석적 사고를 베케트적으로 인식할 수 있게 했다. 그것은 정신분석적 사고의 작동에 있어서의 근원적인 실패에 대한 인식이다. 우리는 이 실패를 프로이트의 연구 속 경험적으로 검증되지 않은 추론의 결과로, 즉 더 엄정한 과학적 방법론에 의해 수정되거나 부정될 내용이라고 이해해서는 안 되며, 오히려 그 실패를 정신분석적 사유과정 자체의 구성적 징표로 이해해야 한다.

내가 말하는 그런 독서들은 정신분석과 문학의 제도권에서 상당한 의구심을 자아냈다. 특히 미국에서 그러했는데, 미국에서는―프랑스에서와는 달리―프로이트의 텍스트를 문제시하는 경향이 소수의 정신분석가들의 연구로써 촉발되지 않았고, 문학 비평가가 프로이트 이론을 전유하거나 그 이론에 개입하는 것은 언제나 미심쩍은 프랑스식 이론작업의 과도함에 공모한다는 이유로 프로이트 전문가들뿐 아니라 문학 전문가들에게도 더욱더 비난받을 일로 여겨졌다. 오늘날 우리가 가장 흥미롭게 여기는 그 프로이트는, 경험적 연구를 수호하는 미국 정신분석학 협회American Psychoanalytic Association의 회원들에겐, 과학적으로 가장 신뢰하기 어렵고 지적으로 무책임한 프로이트이다. 그리고 현대어문학회Modern Language Association*에 소속된 그들

---

* 현대어문학회는 미국 전역을 포괄하는 미국 최대 규모의 어문학연구자들의 학술단체이다.

의 동료들에게, 도라 Dora *나 슈레버 박사 Dr. Schreber **의 사례와 〈두려운 낯설음 The Uncanny〉에 대한 그 모든 터무니없는 분석에서 사용되었던 독서 전략들은 최근 들어 문학 텍스트의 객관성뿐 아니라 문학 텍스트의 메시지 전달 능력 및 문학 텍스트의 해석 가능성을 더욱 극단적으로 문제 삼았던 전략들과 다를 바 없는 것처럼 보일 것이다.***

그럼에도 불구하고, 이제부터 논의하게 될 작업에 대한 모종

---

* 도라는 프로이트가 1900년에 수개월 동안 치료했던 어느 히스테리 환자에게 붙인 가명이다. 그 환자는 이다 바우어 Ida Bauer로 나중에 알려졌다. 이 사례 연구는 나중에《도라의 히스테리 분석 Fragments of an Analysis of a Case of Hysteria》(1905[1901])으로 발표되었다.

** 다니엘 파울 슈레버(1842-1911)는 독일의 판사로 망상, 조현병 등 심한 정신질환을 앓았던 자신의 경험을《신경증 환자의 회고록 Denkwürdigkeiten eines Nervenkranken》에 기록했다. 프로이트는 그의 회고록에 대한 나름의 해석을 바탕으로《편집증 환자 슈레버: 자서전적 기록에 의한 정신분석 Psycho-Analytic Notes on an Autobiographical Account of a Case of Paranoia(Dementia Paranoides)》(1911)을 집필했다.

*** 이 단락에서 버사니는 미국의 에고 심리학 전통에서 '자아'를 임상적으로 규범화하는 방식으로 프로이트가 전유되면서 그 급진성이 억압되고 왜곡되었던 사실, 그리고 문학비평에서 정신분석이나 해체론적 접근에 대해 일부 전통적 문학연구자들이 품었던 반감을 염두에 두고 있는 것으로 보인다. 프로이트 이론의 탈규범성, 급진성에 주목하는 정신분석적 비평의 시도가 "터무니없는 crazy" 분석으로 치부되고, 언어의 투명성이나 텍스트의 전통적 해석 가능성에 의문을 제기하는 해체론과 성급하게 동일시되기도 했던 현상을 비판적으로 언급하고 있다.

의 둔탁한 반감이 내겐 엉뚱하게도 유용하고 그럴듯하다고도 말하겠다. 그것이 유용하다고 보는 이유는, 그런 반감 덕분에 우리 작업의 하찮음을 건강할 수도 있는 방식으로 인식하게 되기 때문이며, 이제 곧 드러나겠지만《문명과 그 불만》에서 프로이트 자신이 추구하면서도 희생시키고 마는 담론적 야심을 피해 갈 수 있기 때문이다. 또 그것이 그럴듯하다고 보는 이유는, 최근과 같은 비평적 관심을 받아 마땅한 듯 보이는 프로이트의 텍스트들이야말로 이론적으로는 가장 불안정한 텍스트들이라는 것을 우리가 결국 인지하지 않을 수 없기 때문이다. 예를 들자면 나는《쾌락원칙을 넘어서》를 "회생시키는" 노력을 하지 않을 것이며, 오히려 그 텍스트가 어떻게 강점을 잃게 되는지를 단계별로 되짚어 볼 셈이다. 시, 소설, 희곡을 가지고 해 온 작업에서 갖게 된 독서 습관 때문에, 마치 우리는 이론이 균열되고 불완전하고 자기모순적일 때를 제외하곤 이론에 반응하지 못하게 된 듯하다. 프로이트에 대한 우리의 관심으로 미루어 보면, 우리는 이론 텍스트의 이론적 입장이 정리로 만들어지지 못하는 만큼 이론 텍스트에 끌리는 모양이다.

　이것이 의미하는 바는 무엇인가? 내가 말하고 싶은 것은 프로이트에서 발견되는 이론적 붕괴의 계기들이 내가 감히 정신분석의 진리psychoanalytic truth라 칭하는 것과 분리불가능하다는 점이다. 욕망 이론의 진리는 이론의 수행에서 벌어지는 어떤 무모한 자멸적self-defeating 움직임과 분리될 수 없기 때문이다. 그래서 프로이트의 "과학적 가치"라는 논점을 인식론적 필연의 문제로서 회피하게 된다. 프로이트 이론의 과학적 유효성에 대한 우려는 어쩌면—프로이트 자신부터 해왔던 주장과는 상반되게—이론적 행위 자체에 내재적이지 않은 것이다. 오히려 그런 우려는 정신분석의 전개가 지니는 정치적 역사의 일면이다. 달리 말해서 그것은 누가 "정신분석을 (위해서/대표해서) 말할" 자격이 있고 없는가에 대한 대답에 상당한 권력을 개입시키는 바람에 생겨난 작용이다. 그러한 권력의 개입은 의학계와 법학계에서 가장 두드러지며, 궁극적으로는 이론이자 임상치료인 정신분석의 이중적 위치에 기인한다. 어쩌면 그런 권력의 개입을 감안해야만, 대상을 길들이는domesticating 효과를 지니는 명징한 서사적 질서narrative order에 잘 부합하는 안정적 이론이 정신분석의 역사에서 득세하였다는 점을 이해할 수 있을 것이다. 정신분석이 정신분석의 주제에 천착하면서 보일 수 있는 유일한 양상은 이론적 불안정성인데도 말이다. 나는 그러한 서사적 질서가 프로이트의 저작에서 승리를 거둔다는 점을 종종 논할 것이다. 우선 이론에 접근하는 방식을 몇 가지 모델로써 보여주게 될 터인데, 그런 접근으로써 정신분석적 전문성의 이데올로기뿐 아니라 "응용" 이론의 가능성 자체 역시—문화연구 분야(심리역사, 프로이트적 비평, 법적 정신의학)에서건 정신분석적 치료에서건—도마에 오르게 될 것임을 밝히고자 한다. 정신분석은 실천가능한가? 임상치료는 실패를 계속하는 이론적 모델과 양립 가능한가? 이제 드러나겠지만, 그 실패는 섹슈얼리티 자체에 대한 프로이트의 정의에서 결정적인 것이다.

그런데 나는 왜 모종의 텍스트적 붕괴에 대한 관심을 문학적 읽기라고 표현하는가? 문학과 정신분석의 연관성은 문학작품의 비밀스러운 내용을 발견하는 일과는 무관하며, 내가 문학을 정신분석적으로 논의한다 해도 분명 문학에 대하여 정신분석적 비평을 하지는 않을 것이다.[2] 문학과 정신분석의 연관성은 오히려 담론 속 움직임과 의미의 어떤 관계에서 찾아야 한다. 그 관계는 문학적 언어를 특징짓는 것이며, 정신분석적 추론의 (흔히 반박당하는) 주제이다. 글쓰기가 우리가 문학이라 부르는 행위로서 작용하기 시작하는 것은, 글쓰기가 특정한 종류의 복제를 고집함으로써 자신이 하는 진술들을 침식하고 그럼으로써 해석을 가로막을 때이다. 나는 그러한 집요한 복제를 규명하려 시도할 것이다. 어쨌든, 이처럼 미학을 가능케 하는 움직임을 "형식-갖추기coming-into-form"로만 논의하지 않고, 형식의 전복으로도, 그야말로 모든 강제적 담론이 지니는 형식의 유혹에 대한 일종의 정치적 저항으로도 논의할 것이다. 프로이트는 이 침식의 힘에 대한 해석적 담론뿐만 아니라 바로 그 담론 내에서 그러한 침식 과정의 예시를 제공한다. 그의 저작을 읽으면, 학문적으로 실증된 이론 덕분에 문학을 지배하겠다고 나설 수도 있을 담론의 문학-되기coming-into-literature를 목격하게 된다. 그러나 프로이트의 텍스트가 또한 정신분석 텍스트가 되는 것은 말하자면 바로 그 변신의 순간—즉 그것이 자기 고유의 담론을 허물고 담론 "안"이나 "뒤"에 있는 사유주체의 정체성을 몹시 문제가 많은 것으로 만드는 바로 그 순간—이다.

이론의 붕괴나 가로막힘, 그리고 이론을 사유하는 주체의 상실. 우리는 여전히 프로이트를 이야기하고 있는 것인가, 아니면 베케트로 돌아간 것인가? 물론 우리는 정신분석 창시자의 설득력 있는 저작에서, 문명화된 담론을 베케트처럼 고의로 또 공격적으로 무너뜨리는 장면을 발견할 수는 없을 것이다. 설령 그렇다 해도, 지칠 줄 모르고 반복되는 프로이트의 설명이—가능한 한 가장 대규모의 청중에게 정신분석의 메시지를 전달하기 위해서 고안된 것이 분명한데도—그 어떤 설명도 무너뜨리는 전략으로 기능하는 일이 흔히 발생한다. 프로이트 이론에서, 앎의 가능성을 향하는 강렬하고 명시적인 노력은 그것이 목표로 삼고 있는 것으로 보이는 소통을 흔히 전복해 버린다. 마치 집약된 명징함을 위해 애를 쓰면 쓸수록 자기 파괴적인 앎이라는 은밀하고 쾌락적인 현상이 생겨나기라도 하듯이.

베케트의 비범한 야심(그 야심은 베케트 자신이 못마땅한 표현상의 재료, 의사소통의 재료로 다룬 것들로 인해 늘 좌절되었다)은 문화적으로 존속가능하지 않은 예술을 생산하는 것이었으리라. 문화적 담론의 "최고" 형식을 무너뜨린 결과가, 생물학적 정지상태stasis라는 베케트의 "이상idea" 이외에 어떤 부류의 문화적 생산성일 수 있을까? 더 일반적으로 말해, 문명 속 예술과 이론적 담론의 공간은 어디이며 예술과 이론적 담론의 가능성은 과연 무엇인가? 우리는 이러한 질문들에 프로이트 자신이 가장 비관적으로 답하는 것처럼 보이는 저작에 눈을 돌림으로써 그 질문들에 대답하기 시작할 수 있다. 물론 내가 말하는 책은《문명과 그 불만》이다. 내가 논증하고자 하는 그 책의 주제는, 명시적으로 제시되는 본능과 문명 사이의 대립이라기보다는 바로 그 대립에 대한 주장을 와해하는 움직임들이다. 문명에 관한 프로이트의 가장 유명한 이론적 언술은, 이론에 마음을 빼앗긴 문명을 효과적으로 완곡하게 비판하는 내용으로 읽어야 할 것이다.

《문명과 그 불만》의 아주 단순한 요지는 모든 사람들이 익히 알고 있다. "우리가 문명의 발전에 대해 치르는 대가는 행복의 상실이다"(21:134).[*] 개인이 본능을 충족시키는 일은 사회의 진

---

[*] 인용문 뒤 괄호 안에 표시된 것은 제임스 스트레이치James Strachey의 영역본 *The Standard Edition of the Complete Psychological Works of Sigmund Freud*(전 24권)의 권수와 페이지수이다. 버사니는 프로이트의 독일어 원문을 직접 영어로 번역하고 많은 경우 독일어 원문까지 병기하였으면서도, 독자가 참조할 수 있도록 해당 내용에 대해 프로이트 영역본의 권수와 페이지수를 괄호 안에 기입하였다. 이 책에서 독일어 원문은 대부분 삭제하였고, 버사니가 프로이트를 인용한 부분은 (별도의 표시가 없는 한) 버사니의 영역을 번역하였다. 추가로 설명이 필요하여 역주에 프로이트 텍스트를 인용한 경우는 제임스 스트레이치의 영역본을 번역하고 권수와 페이지수를 표시하였다.

보와 양립 가능하지 않고 심지어 사회적 생존과도 양립 가능하지 않다. 하지만 현저히 뚜렷한 이 대립관계를 제시하는 이 저작에서 가장 두드러지는 사실은 바로 프로이트가 그 자신의 논제를 찾아내는 데 있어서 겪고 있는 어려움이며, 내 생각에 그 어려움은 그러한 이론적 대립구도 자체를 유지하기 어렵다는 사실이기도 하다. 문명에 관한 논지로 글을 시작하는 대신 프로이트는 종교적 경험을 논쟁적으로 다루면서 글을 시작한다. 1장은 프로이트가 1927년에 발간했던《환상의 미래The Future of an Illusion》에 대한 일종의 각주처럼 시작한다. 로맹 롤랑Romain Rolland*이 편지에서 프로이트에게 "'영원'의 느낌, 말하자면 대양처럼 무한하고 끝이 없는 그 무언가에 대한 것과 같은 감정"에서 "종교적 감정의 진정한 원천"을 발견하지 못했다고 비난하자(21:64), 그에 대한 답장에서 프로이트는 그런 대양 같은 감정을 느낄 수 없다고 고백하면서 그런 감정의 원천이 (에고ego**가 아직 세계와의 분리를 이루지 못하고 있는) 유아기의

---

*   로맹 롤랑(1866-1944)은 프랑스의 극작가, 소설가, 수필가, 미술사가이다.
    대표작으로《장 크리스토프Jean-Christophe》등이 있고 1915년에 노벨문학
    상을 수상했다.

**   더 포괄적이고 일반적인 뜻의 '자아self'와 구분하기 위하여, 원문의 ego는
    모두 에고로 번역하였다. 에고는 자아와 혼용되기도 하지만, 정신분석용어
    로는 자아의 일부를 구성하는 특정한 정신작용(의 결과물)을 가리키기 때문
    이다.

"한없는 나르시시즘"이라고, 그리고 어쨌거나 종교적 감정의 원천은 "아버지의 보호의 필요성"이라고 주장한다. 《문명과 그 불만》 1장의 끝부분에서 사족처럼 제시된, 대양 같은 감정이 "종교적 위안"의 한 가지 형태(외부 세계에서 에고에 가하는 위험을 부인하는 한 가지 방법일 것이다)일 수도 있다는 의견[***]은, 인간의 불행―즉 애초에 우리가 위안을 받아야 하는 이유―에 대한 숙고로 에둘러 이어진다(21:72). 3장의 서두에 이르면 프로이트는 자신의 책을 "행복에 관한 탐구"라고 부르며, 3장에서 프로이트가 "우리의 비참함에 대한 책임은 대체로 우리 문명에 있다"는 자칭 "놀라운" 주장을 할 때 《문명과 그 불만》의 역설적 명제가 마침내 표명된다(21:86). 어째서 그러한가?

《문명과 그 불만》의 나머지 내용은 이 질문에 대답하려는 시도들―어쩌면 여러 번에 걸친 시도들―이다. 하지만 우리는 우선 앞쪽 장들이 매우 상투적이라는 데에 주목해야 한다. 그것이 정신분석의 언어인가? 흥미롭게도 프로이트 역시 같은 의문에 시달렸던 것 같다. 그는 이 책에서 자신이 "자명한" 사실들 혹은 "상식"이라 칭하는 내용만을 제시하고 있다고 세 번 불평한다.

[***] 《문명과 그 불만》 1장의 마지막 단락에 나오는 다음 문장을 말한다. "그것 [종교]의 관념적 내용을 구성하는 '우주와의 일체감'은 종교적 위안을 얻으려는 최초의 시도처럼 보인다. 마치 외부 세계로부터의 위협으로 에고가 인지하는 위험을 부인하는 또 하나의 방법인 것처럼 말이다"(21:72).

(예컨대 21:117을 보라.)* 실제로, 사람들이 괴로움을 막아내는 방식(주취, 종교, 예술, 사랑), 우리 괴로움의 다양한 원천(자연, 육체, 사회), 문명의 성취(위생, 질서, 예술, 과학)에 대한 책 앞부분의 논의는 진부하고 도식적이며 추상적인 일반론이다. 그런 논의는 18세기 콩트conte인 볼테르Voltaire의《캉디드Candide》에서 찾아볼 수 있는 합리론자의 비관을 드러낸다.《문명과 그 불만》에서 프로이트는《캉디드》를 두 번 언급한다.

인간의 고통과 행복에 관한 정신분석의 관점이 1930년에 이르면 그저 볼테르의 관점이 되고 마는 것인가? 프로이트 텍스트의 몸통body(더 정확히 말해, 상체)과 각주들 사이에서 벌어지는 절묘한 유희 속에서 어떤 다른 충동들이 텍스트상으로 가시화되지 않았다면 정말로 그렇게 되었을 것이다. 각주 속의 달라진 생각들, 이 수많은 재고再考, 이 페이지 말단의 생각들로부터 대단한 내용이 샘솟아 프로이트의 텍스트 속으로 쏟아져 들어간다. 각주들이 개인의 행복, 문명, 그리고 그 둘 사이에 있다고 추정되는 갈등을 재정의한다. 내가 언급할 각주 세 개 중 첫 번째 각주에서 프로이트는 "문명 최초의 행위들" 중 하나, 즉 불

---

* 《문명과 그 불만》6장의 첫 문장이다. "이전에 글을 쓰면서 내가 기술하는 내용이 상식이라는 느낌, 내가 사실상 자명한 것들을 설명하느라 종이와 잉크, 나아가 식자공, 인쇄공의 노동과 자재를 써 없애고 있다는 느낌이 이렇게 심했던 적은 없었다"(21:117).

의 정복의 기원을 정신분석에 근거하여 제시하면서 이것을 "공
상처럼 들리는" 추측이라고 일컫는다.** 원시적 인간이 "불꽃을
가지고 다니면서 자기 나름의 용도에 맞도록 제압"할 수 있었던
것은 그 위에 소변을 보아 불을 꺼뜨리는 즐거움을 포기했기 때
문이었다. 프로이트에 따르면, "위로 솟구칠 때 혀처럼 날름대는
불꽃을 남근적으로 보는 원래의 시각"에는 의문의 여지가 없으
므로, 불 위로 소변을 보는 행위는 "남자와의 일종의 성행위, 동
성애적 경쟁에서 즐기는 성적 능력"이었다. 달리 말하면, 문명의
전제조건이 반드시 동성애의 포기가 아니라 오히려 "남자와의
성행위"와 유사한 그 무엇의 포기, 경쟁적인 남근의 능력을 성
적 쾌락으로 경험하는 일종의 상징적 동성애의 포기였으리라는
것이다. 프로이트는 이 각주 끝부분에서 "야망, 불과 요도尿道의
에로티시즘 사이의 연관성이 분석적 경험에서 너무나 흔히 증
명된다"는 점이 "놀랍다"고 쓰고 있다. 하지만 정말로 놀라운 것
은, 그러한 연관성을 감안할 때 문명은 야망의 포기에 달려있다
는 것이 우리가 내릴 수 있는 유일한 결론이라는 사실이다. "[불
꽃 위에 소변을 보아 꺼뜨리려는]*** 이 욕망을 처음으로 포기

** 《문명과 그 불만》 3장의 1번 각주를 말한다(21:90).

*** 인용문 속 대괄호로 표시한 부분은 저자 버사니가 직접 인용문 속 대명사를
    구체적으로 명시하거나 설명을 추가한 것이다.

하고 불씨를 살린 사람은 불씨를 가지고 가서 자기 나름의 용도에 맞도록 제압했다. 자신의 흥분이라는 불씨에 찬물을 끼얹음으로써 그는 불이라는 자연력을 길들인 것이다."

다듬어지지는 않았지만 몹시 흥미로운 한 가지 구분이 여기에서 제시되고 있다. 파괴적일 만큼 경쟁적인 불을 향한 공격성(공격성은 뒤의 장들에서 핵심어가 될 것이다)과 불을 "길들이고" 혹은 "제압하는" 전유appropriation 사이의 구분이다. 문명은 남근적인 것과 맺은 비남근적 관계(더 정확히 말하면 남자와 세계가 맺은 관계의 "탈남근화de-phallicizing")의 결과물이 되는 것이다. 그러나 이것은 바로 프로이트가 여자와 불의 관계를 규정하는 방식이다. "나아가, 여자는 마치 불의 수호자로 임명되어 가정의 화롯가에 포로로 붙들리게 된 듯하다. 여자의 신체구조 때문에 이 욕망*의 유혹에 빠지는 것이 불가능했기 때문이다." 행복한 결핍이라고도 칭할 수 있을 이 결핍이 여자를 "매우 비범하고 이례적인 성취", 남자들이 고통스러운 포기를 통해서만 이룰 수 있었던 성취의 자연스러운 지킴이로 만든다(21:90). 그러므로—이 각주의 논리에 따르면—불이 문화적 정복이 되는 것은, 탈상징화될 때, 흥분을 유발하는 남근적 위협으로서 더 이상 환상 속에 그려지지 않으면서 자연 현상으로 지각될 때이다. 이

---

* 바로 위에서 언급한 불꽃 위에 소변을 보아 꺼뜨리려는 욕망을 가리킨다.

정복, 문명의 작용은 자연으로부터 인간을 분리하는 어떤 행위, 자기의 몸을 환경 속에 있는 다른 "몸들"과 차별화하는 능력과 상관이 있다. 에고와 세계의 경계를 분명하게 만드는 일, "대양 같은 느낌"의 향유를 기꺼이 마다할 마음을 연루한다고도 할 수 있을 것이다. 이제 우리가 파악하기 시작하였듯이, "대양 같은 느낌"은 온화한 "'영원'의 느낌" 아래에 세계를 향한 상당한 양의 파괴적 공격성을 숨기고 있을 수도 있다.

프로이트의 각주는 "정신분석적 자료에" 근거하는 것이었다. 텍스트의 위쪽 몸통은 《모세와 유일신교Moses and Monotheism》, 《환상의 미래》, 《토템과 터부Totem and Taboo》에서도 찾아볼 수 있는 부류의 거창한 인류학적 추론을 제시한다. 각주는 거의 상상할 수도 없는 언명들을 향해 움직인다. 야망은 문명과 양립 불가능하다, 남자는 불을 지배하려는 소망을 포기하고 불을 제압한다, 자연을 문화적으로 이용하는 것은 사람을 자연에서 분리하는 데 달려있다는 등의 내용이다. 반면에 텍스트는 몇몇 아주 억지스러운 관념들(문명은 남자의 성적 소유욕 때문에 시작되었다 등)과 몇몇 예외적이고 진부한 통념(여자들은 사회의 요구에 분개한다, 행복한 가족은 기꺼이 늘 함께 시간을 보낸다 등)의 특이한 조합으로 이루어져 있다. 프로이트는 이런 이야기들이 "상식"이라고 거의 강박적으로 불평하지만 그것은 상식이라기보다는 오히려 일종의 문화적 질병 혹은 염려 혹은 불편Unbehagen을 표상한다. 그것은 너무나 강렬한 담론적 야망이라 할 수 있는 그 무엇, 예언자적 어조에 빠져드는 즐거움을 드러내는데,《문명과 그 불만》의 마지막 페이지에서 프로이트가 스스로 취할 의향이 없다고 주장하는 바로 그 예언자적 어조인 것이다.[*]

예외적 인물을 둘러싼 문제의식, 그리고 예외적인 인물의 언술이 지니는 문제의식은 이 책에서 핵심적 요소이다. 기만적이리만치 주제와 무관한 듯 보이는 첫 장의 첫 단락은 다소 우유부단하게, 위대한 사람을 알아보는 동시대인들은 소수에 불과하다고 말해도 되는가의 문제를 다루었다.[**] 하지만 위대한 사람의 언술을 알아본다는 것은 그런 언술을 정신분석이 탈신비화한다는 점을 거부해야만 가능하다. 프로이트의 경우, 그러한 거부는 (가령 아버지와의 오이디푸스적 갈등 같은) 정신분석적 개념의 **내용**을 교활하리만치 미묘하게 이용하고 있으며, 그로써 각주들이 부분적으로 예시하는 종류의 담론으로부터 벗어나게

---

[*]   《문명과 그 불만》의 마지막 페이지에서 프로이트는 이렇게 말한다. "나는 동료 인간들 앞에 예언자로서 나설 용기는 없으며, 그들에게 아무런 위안을 주지 못한다는 질책에 고개를 숙인다"(21:145).

[**] 《문명과 그 불만》의 첫 페이지에 다음과 같은 구절이 있다. "다수 대중의 목표나 이상과는 철저히 동떨어진 속성과 업적으로 인한 위대함에도 불구하고, 동시대를 사는 사람들이 칭송하기를 마다하지 않는 몇몇 사람들이 있다. 대다수의 사람들이 그들에게 호감이 없고 이런 위대한 인물을 알아보는 것은 결국 소수에 불과하다고 생각하게 되기 쉽다. 하지만 사람들의 생각과 행동의 불일치, 사람들이 뭔가를 바라는 충동을 감안하면, 그게 그렇게 간단하지는 않다"(21:64).

되는 것이다. 불에 관한 각주에서, 겉보기에 상반되는 용어들―제압하기 위해서 지배를 포기한다―의 역설적인 동일성은, 텍스트 속의 뻔한 관점, 남자들이 다른 남자들과 함께 부지런히 성공적으로 문명을 건설한다는 관점을 탈신비화한다. 그 역설이 욕망에 대한 메시지로서 정신분석적으로 읽힐 수 있기 때문이다. 즉 문명이 남근적 공동체의 파괴적, 상징적 섹슈얼리티를 견디고 살아남을 수 없다는 메시지이다. 다른 한편으로 그 텍스트는 일견 자연스러운 역사의 논리 안에서 파괴적 성향을 향한 욕망을 덮어 버리는 동시에 정당화하는, 더 발전되고 더 억압된 담론이기도 하다.

그렇지만 그 일견 자연스러운 역사의 논리는 위쪽 몸통 텍스트에 내재하는 어떤 비일관성으로 인해 전복될 수 있다. 그 비일관성은 텍스트가 충족시키는 동시에 인정하기를 거부해야만 하는 욕망들로 인해 징후적 전략이 복잡해지는 데서 기인한다. 4장에서는 아주 의아하게, 그리고 전혀 설명되지 않은 상태로, "개인의 행복과 개인의 자유"라는 문제 전체가 섹스에 관한 논의가 되었다. 성적인 사랑은 인간에게 "가장 강렬한 만족감"을 주었고 실제로 "모든 행복의 원형을 제공하였다"(21:101). 개인과 문명의 관계가 급속하게 성적 욕망의 역사와 성욕의 해부학이 되는 것이다. 나아가, "모든 행복의 원형"은 아주 흥미롭게 선정적인 방식으로 규정된다. 2장에서 이미 우리가 들은바, 학문적, 예술적인 작업에서 나오는 만족감의 강렬함은 "날것이며

원초적인 본능적 충동의 충족에 비교하면 미약한 것이다. 그것
은 우리의 물리적 존재에 경련을 유발하지 않는다"(21:79-80).
4장 첫 페이지와 마지막 페이지에 붙인 놀라운 각주에서 프로
이트가 시사하듯,* 우리 존재를 경련하게 했던 것은 우리가 직
립 자세를 취하게 되기 이전에 섹스를 경험했다는 사실, 아니
어쩌면 섹스의 냄새를 맡았다는 사실이다. 하지만 인간이 일어
서자 섹슈얼리티는 무너졌다. 항문의 에로티시즘과 후각적 자

---

* 여기서 버사니가 가리키는 두 각주는 일반적인 각주 길이의 몇 배에 달하는
  길이로 상당히 많은 추론적 사유를 담고 있다. 우선 4장의 첫 페이지 각주 1
  에서 프로이트는 직립 보행 이전에 월경혈과 배설물이 유발했을 후각적 자
  극이 직립 보행 이후에 시각적 자극으로 이행하게 되면서 인간의 성생활을
  크게 변화시켰으리라고 추정한다. 그는 직립 보행에 따른 성기의 노출이 성
  적 흥분을 상시적으로 가능하게 하는 동시에 수치를 유발하게 되었을 것이
  라고 보며, 이런 과정을 거치는 동안 성기 및 배설물에 대한 감각적 반응이
  청결 등의 사회적 가치와 결탁하기도 하여 몸의 냄새와 욕망의 관계가 역전
  된다고 말한다. "그러므로 항문의 에로티즘이 먼저 '유기체적 억압'에 굴복
  하고 그것이 문명으로 향하는 길을 닦는다"(21:100). 이러한 주장은 4장 마
  지막 페이지의 각주에서 모든 인간의 "의심의 여지없이 양성애적인 기질"
  및 "공격성"에 대한 논의에 이어 다시 등장한다. 여기서 프로이트는 직립 자
  세와 후각의 가치 절하로 인해서 "항문의 에로티즘"뿐 아니라 "섹슈얼리티
  전체"가 "유기체적 억압의 희생물"이 될 위험에 처하게 되었다고 말한다. 그
  래서 "더 이상 설명하기 어려운 혐오감"이 인간의 성적 기능에 수반하게 된
  다. 그는 이와 같은 방식으로 "성적 억압의 가장 깊은 뿌리"를 문명과 결부시
  키며, 섹스를 "생물학적 사실"이라고 규정하면서도 그것이 "정신적 삶에서
  특별한 중요성"을 가진다는 점을 강조하여 정신분석적 사유의 의의를 환기
  한다(21:105-106).

극은 모두 프로이트가 "유기체적 억압organic repression"이라고 칭하는 것에 종속되었다(21:100). 이 "억압"의 결과가 배설물에 대한 공포심이며 또 적어도 프로이트에 따르면 섹스에 대한 혐오, 생식기 때문에 생기는 수치심, 생식기의 냄새에 느끼는 역겨움이고, 많은 사람에게는 이 역겨움이 아주 심해서 "그들의 성교를 망친다." 이 얼마나 커다란 상실인가! 4장의 마지막 각주에 이르면, 프로이트는 섹스에서 후각의 가치 절하를 "섹슈얼리티 전체"의 억압으로 둔갑시킨다(21:106).《문명과 그 불만》의 내용에서 에로틱하게 고백적인 각주들만큼 이상한 것은 없다(나는 그만큼 감동적인 것이 없다고도 말하고 싶다). 즉, 텍스트의 (때로 터무니없고 상투적이기도 하지만) 현저한 인류학적 상상력이 각주 속으로 강림하여, 네발로 기어 다니며 열정적으로 수컷의 냄새를 맡는 선사시대 우리 육체의 신화적 경련에 대한 환상을 즐기는 그러한 순간들 말이다.

주목해야 할 것은, 프로이트의 주장이 예기치 못한 결정적 전환을 보였다는 점이다. 텍스트는 문명을 이야기하면서, 내밀한 관계를 맺은 커플에게 혼인의 잠자리를 벗어나 더 진지한 공동체적 의무를 돌보라고 훈계한다. 내가 방금 언급했던 그 각주는 **스스로에게 적이 되어 버린 섹슈얼리티**, 바로 섹슈얼리티 자체를 구성하는 조건들로 인하여 일종의 실패를 숙명으로 갖게 된 섹슈얼리티를 논하고 있다. 실제로 4장의 맨 마지막 부분 텍스트의 위쪽 몸통에서 프로이트는 너무나 불편한 질문을 제기하였다. "때로 우리는 우리에게 완전한 만족을 허용하지 않고 다른 행로를 따르도록 다그치는 것이 문명의 압박일 뿐 아니라 성적 기능 자체의 본성에 있는 그 무엇임을 감지하는 것 같다. 이것은 틀린 이야기일 수도 있다. 결론을 내기 어렵다"(21:105). 4장은 그렇게 마무리되는데, 섹슈얼리티 자체의 본성에 내재하는 그 불만족스러운 무언가를 규정하려고 시도하는 각주가 달려 있다. 그는 세 가지 요인을 제시한다. 후각과 항문 에로티시즘의 유기체적인 억압(이는 "가장 심층적으로 들어가는" 추측이다), 내재적 양성애(그의 글에 따르면 이는 우리가 지닌 남자로서의 소망과 여자로서의 소망을 동일한 대상이 결코 동시에 충족시킬 수 없다는 뜻이다), 그리고 마지막으로 "명백히 공격성을 향하는 일정량의 성향"이다. 마지막에 언급된 공격 성향은 에로틱한 관계 자체의 "사디즘적 구성요소들에 더하여 에로틱한 관계와 너무나 흔하게 결합되어 있는" 것이다(21:106).

《문명과 그 불만》에도 "억압된 것의 귀환"이 있다. 5장에서 8장에 이르기까지, 공격성이 텍스트 위쪽 몸통으로 다시 돌아오곤 하면서 텍스트에 홍수처럼 넘쳐난다(그렇지만 결정적인 왜곡을 초래한다). 내가 주장했듯이 만약 각주들이 이 책에서 정신분석적 무의식의 역할을 한다면, 각주들의 재료는 성적인 구성요소들이 삭제되어야만 텍스트 본문 안으로—매우 점잖은 그 텍스트 안으로—유입될 수 있을 것이다. 그래서 프로이트는 억압과 징후 형성의 법칙에 대한 자신의 공식을 저술로써 재연하면서, 징후적인 윗몸 텍스트를 이른바 에로틱하지 않은 공격성을 분석하는 데에 할애하려 한다. 공격성이 텍스트 속에 등장하는 것은 문명화된 사회의 "이상적 요구들 중 하나"를 이해하기 위한 노력의 일환이다. "네 이웃을 너 자신처럼 사랑할지어다"(21:109). 문명은 왜 리비도를 커플의 몫으로 남겨 두지 못하는가? 문명은 왜 한 공동체 전체가 리비도로 함께 묶여야 한다고 고집하는가? 두세 페이지 뒤에서 프로이트는 보편적 사랑이라는 도덕적 명령에 대한 합리주의적 공격(모든 사람이 내 사랑을 받을 자격이 있는 것은 아니며, 무차별적 사랑은 그 대상들에 대한 모독이다)에서, 그 명령의 탈신비화이자 정당화인 정신분석적 설명으로 이행한다. 타인을 사랑하라는 명령을 받는 것은, 그러지 못하기 때문이다. "네 이웃을 사랑하라"는 명령은 "인간의 원래 본성에 그것만큼 심하게 반대되는 것은 없다는 사실로써 실제로 정당화되는 계율"(21:112)이며, 프로이트에 따르면 이 계율은 우리에게 이웃을 사랑하라고 명령하는 대신 오히려 그들을 착취하고 약탈하고 강간하고 살해하라고 명령한다.

하지만 이 공격성이 정확히 무엇이란 말인가? 그 질문에 대답하려는 프로이트의 노력은 《문명과 그 불만》의 사변적 유동성이 가장 명백하게 곤란에 처하는 지점이다. 텍스트가 제시하는 일차적인—아니면 공식적인—답변은, "이 공격적 본능은 에로스Eros와 나란히 발견되고 에로스와 함께 세계를 지배하는 죽음본능death instinct의 파생물이자 주된 대리자"라는 것이다. 이는 물론《쾌락원칙을 넘어서》를 참조하는 내용이며, 그 책에서와 마찬가지로 여기서도 프로이트는 "비非에로스적 공격성과 파괴 성향의 편재성遍在性, ubiquity"을 주장한다. 동시에, 파괴성향의 원류인 죽음 본능은 "에로스와 혼합됨으로써 그 존재가 드러나지 않는 한 감지하기 어렵다"는 점을 다시 한 번 인정한다. 그런데 프로이트는 여기서 더 나아간다.

> 심지어 [죽음 본능이] 어떤 성적인 목적 없이 드러나는 곳, 파괴성향이 가장 맹목적으로 맹위를 떨치는 곳에서도 우리는 그 본능의 충족에 현격히 높은 정도의 나르시시즘적 즐거움이 수반된다는 것을 인정하지 않을 수 없다. 전능함 omnipotence에 대한 에고의 오랜 소망을 충족시키기 때문이다(21:120-22).

별안간 공격성이—하필이면—대양 같은 느낌과 이상하리만치 비슷하게 느껴지기 시작한다. 대양 같은 느낌이란, 우리가 살펴보았듯, 우주와 합일을 이룬 황홀의 느낌이며 에고와 세계 간 경계의 와해로서 유아기의 "무한한 나르시시즘"으로 거슬러 올라가는 것이다. 대양 같은 느낌과 마찬가지로 공격성은 강렬한 에로스적 쾌락을 포함한다. 대양 같은 느낌이 "종교적 감정의 진정한 원천"이라는 견해에 반박하며 프로이트는 그것이 오히려 "종교적 위안을 받으려는 최초의 시도", 인간의 괴로움에 대한 망상적 치유라고 주장했었다. 그런데 이제 프로이트는 우리가 고통받는 것이 공격성의 충족(즉, 에고를 막아서는 세계의 저항, 혹은 더 근원적으로는 에고와 세계의 차이를 성공적으로 와해시키는 일)에 수반되는 "최고도의 나르시시즘 향유"를 억제하라고 문명이 강요하기 때문이라는 주장을 하는 것이다. 대양 같은 느낌은, 대양 같은 느낌을 억제함으로써 초래되는 고통에 대해 종교가 내놓는 치유책이 된다. 더 정확하게는, 질병에 대해 제시된 치유책이 질병의 원인을 승화시켜 신비화한 것이라는 말이다. 대양 같은 느낌은 "파괴성향의 맹목적 맹위"를 온건하게 다시 정리한 것이다.

그렇지만 그 신비화는 파괴성향의 숨겨진 진실을 가리키고 있다. 즉 파괴성향이 사랑과 동일하다는 사실이다. 프로이트는 4장 마지막 각주에서 "에로스적 관계와 너무나 흔히 결합되어 있는" "명백히 일정량의 공격성을 향하는 성향"만을 이야기하는 것이 아니다.[*] 그는 방금 우리가 확인했듯이 파괴성향의 강

---

[*] 공격성은 (유기체적 억압, 양성애적 기질과 함께)《문명과 그 불만》의 4장 마지막 각주에서 섹슈얼리티의 본래적 불만족스러움과 관련된 속성으로 제시되는 세 가지 요소 중 하나로 버사니가 앞에서 언급한 바 있다. 이 각주 속 프로이트의 문장은 다음과 같다. "또 다른 어려움이 생기는 것은, 에로틱한 관계 자체의 사디즘적 구성요소들에 더하여 명백히 공격성을 향하는 일정량의 성향이 에로틱한 관계에 너무나 흔히 결합되어 있는 상황 때문이다"(21:106).

렬한 나르시시즘적 쾌락을 인정하고 있을 뿐 아니라, 더 나아가 5장에서는 사유재산이 공격성을 자아냈다는 공산주의자들의 주장을 반박하면서 공격성이 "모든 애정과 사랑의 관계의 기반을 형성한다(아마도 어머니와 남자아이의 관계가 유일한 예외일 것이다)"는 주장까지 하였다(21:113). 만약 가족제도를 없애 버리고 완전한 성적 자유를 제도화한다 해도, 인간의 파괴 불가능한 파괴성향은 존속할 것이다. 4장 끝부분에서 "성적 기능 자체의 본성에 내재하는 무언가"가 완전한 성적 행복을 가로막는 것일 수도 있다는 견해를 잠정적으로 내놓고 불과 몇 페이지 뒤에서 프로이트는 전혀 어떤 주저함도 없이(이 공격성이 비에로스적 성격을 띤다는 입장을 고수하면서도) 공격적 파괴성향이 인간 사랑의 "기반을 형성한다"고 주장한다. 내가 보기에 이것은 **파괴성향이 섹슈얼리티를 구성한다**는 이야기의 다른 표현일 수 있다.

이 논지에 대해서는 다음 장에서 다시 다룰 것이다. 지금 주목해서 살피고자 하는 내용은《문명과 그 불만》의 핵심 개념들 사이의 구분이 무너진다는 점이다. 표면적인 논지는 우리가 서로를 향한 살인적 충동을 통제하기 위해서 섹슈얼리티를 일부 희생해서 형제애로 승화시켜야 한다는 내용으로 전개된다. 그러나 텍스트는 이 논지를 다음과 같은 방식으로 에둘러, 하지만 집요하게 재공식화한다. 즉 인간의 사랑은 그 파괴적인 나르시시즘적 쾌락이 휩쓸고 간 자리에서 문명을 부수어 버리려고 위협하는 대양 같은 공격성과 유사한 그 무엇이라는 것이다.《문명과 그 불만》에서 우리는 사랑에서 공격성으로 이행하지 않는다. 오히려, 사랑이 공격성으로 재규정되고 재표상된다. 이 점에 대한 고찰을 결론지으면서 우리는 문명 자체가 다른 두 개념들과 반대항을 이루기보다는 그 개념들을 반복하고 있으며 그로써 프로이트 저작의 논지가 '섹슈얼리티 = 공격성 = 문명'이라는 세 겹의 동어반복으로 변형되고 있음을 발견하지 않을 수 없다. 더욱이, 이 책의 이원론과 선형적linear 논지들이 지극히 희한한 순환적circular, 역설적 정의 및 공식 체계로 인해 와해된다는 데에 주의를 기울여야 한다. 즉 우리가 자연에 대한 지배를 중단함으로써 자연을 제압한다는 점, 타인을 사랑할 수 없기 때문에 타인을 사랑한다는 점, 그리고 뒤쪽 장들에서는 문명이 공격성을 그 원천으로 되돌려 보냄으로써 공격성과 대결한다는 점, 마지막으로, 본능의 포기는 본능의 포기로써 누그러뜨려야 할 죄의식을 증가시킨다는 점 등이다. 대립적 혹은 이원론적 구조는 이 상이한 항들의 예기치 못한 동일성을, 그리고 주어진 명제가 그 출발점으로 소용돌이치며 회귀하는 것을 어떻게 이겨낼 수 있을까?《문명과 그 불만》에 제시된 설명의 논리는, 동어반복적이고 순환적인 만큼, 엄정한 정신분석적 논리로서 예언자적 사상가 프로이트의 철학적 서사화 과정과 개념 구분들을 모두 암묵적으로 조롱하는 것이다. 그것은 개념들을 구별하는 경계를 허물고 그럼으로써 대양 같은 텍스트성이라 할 수 있을 무언가를 훌륭하게 예시한다.

그러한 텍스트성의 가장 파괴적인 한 수는, 논지를 이루는 하나의 개념으로서 문명이 제거된다는 점이다. 7장 첫머리에서 프로이트는, 문명이 공격성을 그 원천으로 돌려보냄으로써 공격성을 억제한다고 쓰고 있다.

> 에고의 한 부분은 … 슈퍼에고로서 에고의 나머지 부분과 대립하고 … 이제 "양심"이라는 형태로, 에고가 외부의 다른 사람들을 대상으로 삼아 충족시키고자 했던 것과 같은 가혹한 공격성을 에고를 상대로 발휘할 준비를 갖춘다(21:123).

이 편리한 장치의 문제는 다음과 같다.

> 양심은 … 그야말로 애초에 본능을 포기하는 원인이다. … 그러나 나중에 그 관계는 역전된다. 모든 본능의 포기는 이제 양심의 역동적인 원천이 되고, 새롭게 뭔가를 포기할 때마다 양심의 엄혹함과 무관용이 증가한다(21:128).

어째서 이럴 수 있는가? 이 질문에 답하려는 프로이트의 시도는 《문명과 그 불만》에서 가장 집약적이고 가장 난해한 두세 페이지로 이어졌다. 그 부분의 복잡한 내용을 여기서 다 다루지 않더라도, 우리는 방금 언급했던, 양심과 본능 포기 사이의 관계에서 이루어지는 기묘한 역전에 대해, 그 부분에서 제시되는 두 가지 설명에 주목해 볼 수 있다. 첫 번째는, 공격적 태도를 포기할 때에도 분명 공격적 소망들wishes이 사라지지 않는다는 점이다. 두 번째 설명으로 프로이트는 슈퍼에고의 기원에 대한 자신의 이론에 놀라운 내용을 추가한다.[3] 슈퍼에고는 외부적 권위의 내적 대리자에 불과한 것이 아니라 이제 에고 스스로 지닌 원래적 공격성의 되풀이repetition 또는 동어반복 tautology이 되는 것이다. 여기서 다루는 내용은 더 이상 어떤 소망, 그에 대한 처벌을 하려는 외부적 위협, 그 위협의 내면화로써 생성되는 도덕의 심리적 감시견이라는 단순한 연쇄작용이 아니다. 오히려, 프로이트는 일종의 메타 공격성meta-aggressiveness, 최초의 소망들을 충족시키지 못하게 하는 외적 권위에 대응하여 생겨난 공격성을 거론하고 있다. 아이는 영리하게 그 권위와 (자기 자신을) 동일시할 터인데, 그것은 그 권위가 가하는 처벌을 내적으로 지속시키기 위해서가 아니라, 그 권위를 자신의 공격적 충동의 대상 또는 희생물로서 내면에서 안전하게 소유하기 위해서이다. 이 세상에서 아이와 아버지 사이에 벌어지는 갈등은, 아이가 아버지를 향해 발휘하려 했던 공격성(그리고 아버지에게서 받을 것으로 예측되는 처벌의 공격성)을 전부 갖게 된 슈퍼에고와, 처벌받는 에고의 지위로 격하된 내면의 아버지 사이의 내적 대결이 된다. 슈퍼에고는 아버지의 권위와 더불어 그 권위를 향하는 아이 자신의 공격성을 부여받은 어린아이이다. 그리고 도덕화된 폭력을 지닌 이 괴물은 어쩌면 실제 아버지에게 원래 투사되었을 폭력성을 다 동원해서 (그것의 닮은꼴인 짝패double —아버지로 동일시된 아이의 에고— 를) 가차 없이 공격한다(이는 애초부터 그 야말로 아이가 그것을 심리적 장면으로 복제하기 위해서 필요로 했던 "실제" 시나리오에 지나지 않는 것일 수도 있다). (특히 21:128-130을 보라.)

문명은 어떻게 된 것인가? 더 적절한 질문을 하자면, **문명이 무엇인가?** 문명이 공격성을 억제한다는 말은 무슨 의미이며, 프로이트가 마지막 장에서 "죄의식"이 "문명의 발전에서 가장 중요한 문제"이고 "문명 진보에 대해 우리가 지불하는 대가는 죄의식의 고조로 인한 행복의 상실"이라고 단언하는 것은 무슨 의미인가? 이쯤 되면 텍스트가 아주 다른 주장을 내놓은 셈이다. 공격성의 포기는 문명의 구성에 내재하는 요인이다. 하지만 그것은 공격성의 강도를 증가시키는 포기이다. 본능의 충족을 포기하면서 우리는 동시에, ① 본능을 억제하는 권위를 내면화하고 ② 만족을 향한 욕망이 커지므로 죄의식이 증가하고 ③ 원래 에고의 본능을 억제하는 외적 권위를 향하던 공격성의 맹위에 에고를 내맡긴다. 외부 세계에 대해 우리가 효과적으로 행사할 수 있는 힘의 한계를 고려할 때, 공격성의 제어는 공격성을 충족시키기 위한 유일한 현실적 전략이 된다고 할 수 있다. 프로이트가 문명이라 호명하는 것의 억제력은—가장 조야한 권력 행사 방식, 즉 사람들이 타인의 의지에 **물리적으로** 종속되는 방식을 배제한다면—우리가 방금 그려 본 내적 기제의 차원에서

가 아니라면 이해할 수 없다. 아주 중요한 의미에서 프로이트에게 문명은, 적어도 그가 사회화된 슈퍼에고라고 생각하는 문명의 한 측면은 그저, 세계를 파괴하고픈 우리 모두의 소망, 나르시시즘적 전율을 유발하는 그 소망의 심리적 충족에 대한 문화적 은유일 뿐이다. 이런 관점에서 볼 때 문명은 개인의 공격성에 패하면서도 지칠 줄 모르고 대항하는 적수가 아니다. 오히려 문명은《문명과 그 불만》이 고찰하고자 하였던 그 적대관계의 원인이다. 공격성의 규제자가 바로 그 공격성이라는 문제와 동일한 것이다.

《문명과 그 불만》에서 프로이트가 개인과 문명의 관계를 어떻게 보고자 하는지는 전혀 분명하지 않다. 한편으로 그 둘은 아마도 해소불가능한 쟁투 속에서 빼도 박도 못 하는 상태에 있다. 다른 한편으로 프로이트가 제시하는 문명의 역사는 개인의 발달사와 사회적 유비관계를 이룬다. 하지만 문화의 슈퍼에고가 개인의 슈퍼에고와 평행을 이룬다면, 그 둘 사이 적대관계의 기반이 무엇인지 알기 어렵다. 그 둘이 결국엔 같은 목표를 공유할 터이니 말이다. 그리고 그 유비관계를 더 밀고 나가면 우리는, 개인과 마찬가지로 그 나름의 본능을 포기하여 불행해진 문명이라는 아주 기이한 이미지 또는 알레고리적인 모습을 마주하게 될 것이다. 사실상 이 저작의 마지막에서 프로이트는 우리에게 "정신분석을 문화적 공동체로 옮겨 적용하는 시도"를 할 경우 "매우 조심"하라고 경고한다. 그가 "우리가 다루는 것은 유비관계일 뿐"이라고 쓰고 있음을 기억해야 한다(21:144). 실제로 《문명과 그 불만》에 대한 정신분석적 독서가 개인과 문명 사이에 적대관계도 유비관계도 없음을 드러낸다고 할 수 있을 것이다. 문명은 에로스적 의미로 충만한 공격성, 어쩌면 프로이트가 실수로 문명과 대립관계에 두는 공격성과 중첩되는 **담론의 영역** region of discourse 일지 모른다. 개인과 문명을 유비관계로 보거나 대립관계로 볼 때의 위험―《문명과 그 불만》의 프로이트 자신에서 그 예를 찾아볼 수 있는 위험―은, 그러한 유비관계나 대립관계를 부추기는 담론이 자살적 공격성을 불가피한 것이자 진보한 문화의 도덕적 명령으로 위장하고 그럼으로써 영속화하는 경향을 보인다는 사실이다. 이러한 노선에서 이루어지는 이론적 폭력 분석은 반드시, 적어도 묵시적으로는, 폭력을 위한 **변론**이 된다.

문명의 담론이 우리의 야만적 섹슈얼리티를 뜻하지 않게 복제하는 방식으로 그 야만적 섹슈얼리티를 부분적으로나마 소산消散시킬 수 있다면, 과연 얼마나 그럴 수 있을 것인가? 몇몇 예술작품―시, 영화, 소설들, 고대 조각상 일부―이 그 질문에 답하기 시작하는 데에 도움을 줄 것이다. 일단 지금으로서는 그러한 소산의 전제조건이 위대한 지도자 프로이트의 예언자적 언술을 문화적 모델로서는 폐기하는 것이라고 말하겠다. 그러한 역할을 수행하면서도 프로이트가 자신의 예언자적 언술과 지도자의 역할에 대해 가졌던 양가적 태도는, 너무나 감명 깊은 그의 복잡함을 드러내는 사소한 기호일 뿐이라고 치부할 수 없다. 그가 썼듯이 만약 "한 시대 문명의 슈퍼에고가 … 위대한 지도자들의 인격이 남겨 놓은 인상에 기반을 두고 있다"면, 문화적 슈퍼에고의 위험하리만치 과도한 엄격함과 "비심리적 과정들"에 대한 8장의 그의 비관적 논평은 새로운 부류의 이론적 언어를 정립할 필요성을 시사한다(21:141, 143). 욕망 이론을 입증하는 이론의 유익한 붕괴를 예시하는 데에서 나아가 정신분석을 간단없고 비교적 안정적인 철학적, 인류학적 지식체계로 변형시키기 위해 프로이트 자신이 내놓았던 이론적 진술과 근본적으로 다른 언어 말이다.《문명과 그 불만》의 비관론은 적절한 경고가 되어야 할 것이다. 그것은 어쩌면 자살적 우울의 담론적 기호, 반문화적 파괴성향의 권력과 문화가 맺은 공모관계 및 타자의 불꽃을 꺼뜨리려는 살인적이리만치 유아적인 욕구의 희미하게 반동적인 아우라이다.

결론적으로 크게 한 번 비약하여, 프로이트와 말라르메를 병치시키는 첫 번째 모험을 감행해 보자. 나는 제도적 임상실천과 사적 행위 사이의 차이나, 인간을 이해하는 동시에 치료하는 새 방법을 체계화하려는 (이제 거의 100년 정도 역사를 지닌)* 다

---

*   버사니가 이 책을 쓴 1980년대 이후로 정신분석의 역사는 그보다 훨씬 더 길어졌음을 참고해야 할 것이다.

소간 집단적인 노력과 어느 한 사람의 근본적으로 사사로운 시 文詩文 사이의 차이를 무시할 마음이 없다. 그 사람은 자기가 시 한 편을 발표하는 우를 범할 때마다 동시대인들에게 "그의 방문자 명함, 시 몇 연이나 소네트 한 편"을 보내는 것일 뿐이라고 우겼는데, "그들이 존재하지 않는다는 것을 그가 알고 있다는 것을 눈치챘다면 그들이 던질 돌에 맞지 않기 위해서"라고 했었다. 그런데도 내가 프로이트와 말라르메를 함께 이야기한다면 부분적으로 그것은 이 예상치 못한 연결로써 언어와 프로이트의 사유의 본성에 관해 결정적인 무언가를 제시하고 싶기 때문이다. 나아가, 말라르메식 작업의 모호한 사적 성격은 문화적 담론에 관한 메시지를, 더 정확하게는 문화 안에서 메시지들이 전달되는 데에 관한 메시지를 포함한다. 어떤 의미에서 말라르메는 프로이트만큼이나 거대한 인식론적 야망을 품고 있었다. 결국 그의 '책the Book'은 절대 권위를 지니게 될 예정이었고, "세상 the Earth에 대한 오르페우스적 해설"을 제공하게 될 것이었다.[4] 그런데 더 잘 알려진 이 야망과는 상반되게, 말라르메는 또한 문학이 그 어떤 권위를 주장하는 것에도 엄청난 공격을 퍼부었다는 생각이 든다. 예를 들어 수필 〈운문의 위기Crise de vers〉의 폭풍 같은 사색 속에서 말라르메는 어떤 기호학적, 인식론적 권위도 결여하는, 위치를 특정할 수 없는—어쩌면 심지어 들리지도 않고 보이지도 않는—수행으로 문학을 보는 관점을 제안하는 듯하다. 그럼에도 말라르메는 권위적 진술을 하는 자신의 능력을 말소—그리고 그야말로 우리가 진술이라 부르는 것을 형성하는 기술을 분명히 탈학습unlearn—하는 데에서 자기 이력의 역사적, 심지어 정치적 관심사를 규정하고자 하였다.

역사적으로 그리고 텍스트적으로 현존한다는 것은 무엇을 의미하는가? 말라르메는 그의 시대의 일탈을 현재에 대한 그 시대의 믿음에서 발견했다. "현재Present는 없다, 단연코." 수필 〈절제된 행동L'Action restreinte〉에서 그는 동시대인들에게 ("현재란 존재하지 않는다."라고) 말한다.[5] 말라르메가 그의 시대에 기울였던 비범한 주의력은 그가 산만한 주의력의 본보기를 동시대인들에게 제시하는 데서 알 수 있다. 권위 있는 문인으로서 그의 역사적 현존presence은 인간의 주의력과 표현을 이루는 비현존non-presentness에 대한 교훈이다. 말라르메의 주의력을 드러내는 징표는 그가 주의를 기울이는 대상으로부터 멀어지는 움직임, 그리고 사건들을 거론하는 용어들의 파악불가능성이다. 그는 그 시대가 현재 안에서 현존을 파악하는 데 강박을 갖고 있다고 진단했었는데, 그 시대에 말라르메의 이해불가능성inaccessibility은 그가 사회적으로 유의미하다고 주장할 수 있었던 가장 진지한 이유였다. 그의 거의 모든 글이 지니는 우발적 특성과 즉물적인 것에 대한 조소 사이에 모순은 없다. 말라르메는 어쩌면 그의 동시대인들만큼이나 "순간의 압박에 추동"되고 있을지도 모르지만[6] 그 순간에서 즉물성을 제거한다. 즉물성은 존재론적 오류이기 때문이다. 감각의 즉물성은 사고의 성질을 왜곡한다. 그러한 즉물성의 반대항은 "심오"하거나 비우연적인 감각이 아니라, 사고의 주목을 받아 폐기되는 대상들에게 지속적으로 보완을 제시하는 사고의 유동하는 감각이다.[*]

말라르메는 우리에게 진술된 것을 읽지 말고 행간의 빈틈의 교차를 읽으라고 요청한다. 그의 역사적, 문학적 현전은 언어 속에서 이루어지는 일종의 비가시적인 춤 혹은 스텝 밟기에 있다. 그것만큼 수월하거나 비어 있는 것도 없고 그것만큼 읽기 어려운 것도 없다. 리처드 포이리어Richard Poirier 는 최근에 문학이란 "명료함으로써 농밀함의 침전을 야기하는 종류의 글쓰기"라고 말했다. 그리고 그는 농밀함을 좀 더 익숙하고 편안한 개념인 난해함과 구분한다. 포이리어에 따르면 난해함은 "비평가에게 자기가 가진 것을 과시할 기회를 주고" 문학이 존재의 불가

---

[*] 우연적인 것으로 이루어진 세계에 대한 환멸과 공허의 언어로부터 직조해 낸 말라르메 시에 대해서는 말라르메《시집》(문학과지성사, 2005)에 붙인 황현산의 〈옮긴이 해설〉이 가장 접근하기 쉬운 지침이다. 특히 다음 구절을 참고하면 좋겠다. "… 그는 … 비천한 물질의 상태를 벗어나고 우연의 중첩일 뿐인 거친 현실에 도전하기 위해 시를 쓰려 하지만, 시의 언어는 존재의 필연적이고 고결한 양식이 될 수 있는 가능성보다 우발적인 사건들과 잡다한 감정의 결합에서 울려 나오는 빈말이 되어 버릴 위험에 더 많이 직면해 있는 것이 틀림없다. 그러나 이 무가 시인으로서의 그를 위협하고 그의 작업을 저지하기만 했다고 할 수는 없겠다. 한편으로는 말들이 비어 있기에 그는 무의 위협을 받지만, 또 한편으로는 '지구를 파들어 가며' 우연과 헛된 감정에서 방출된 빈말들을 몰아내려는 노력 끝에 그는 무에 도달하는 것이기 때문이다"(19, 원문의 강조).

사의한 드러남이 아니라 "마치 지식을 소통하는 것인 양 취급할 기회를 준다." 난해함은 또한 이론적, 역사적, 문화적으로 스스로를 정당화하는 계보를 지니고 있다. 그리고 20세기에 난해함은 "예술가의 불가피한 사회적, 정치적 책임인 것처럼 여겨지게 되었다." 그리하여 비평가는,《율리시스Ulysses》의 제임스 조이스James Joyce는 "취급"하되《더블린 사람들Dubliners》의 조이스는 경시함으로써, 그리고 로버트 프로스트Robert Frost 보다 에즈라 파운드Ezra Pound 가 더 연구할 가치가 있다고 생각함으로써, 자기가 사회적으로 자격을 갖췄음을 입증하는 것이다.[7] 말라르메가 물론 충분히 난해하지만, 말라르메 작품이 일견 관통불가능하다는 사실 때문에 우리는 그 작품의 농밀함이라 할 수 있는 것에 대해서─즉, 감추어진 심오한 의미보다는, 그 자신의 진술에 충실하기를 지속적으로 거부하는 목소리 안에서 이루어지는 의미의 와해와 더욱 상관이 있는 모종의 독서불가능성에 대해서─어쩌면 좀 덜 민감해지게 되었다.

말라르메는 말해야만 하는 중요한 것은 없다고 암시하는 듯하다. 아마도 언어 안에서 의미의 함정에 빠지지 않기 위해서 우리가 활용하는 자원들이 있을 따름이리라. 실제로, 말라르메를 읽으려는 우리의 시도가 가로막힌다면 그것은 그의 작품이 단단히 밀봉된 속성을 지녀서가 아니라(그의 작품은 뚫고 들어갈 수 있고 이미 뚫린 적도 있다), 말라르메가 전달하는 데 실패하는 그 모든 메시지들 때문일 것이다. 집필되지 않은 '책the Book'

만이 아니라* 파리의 뤼 드 롬Rue de Rome에서 열리곤 했던 그의 전설적인 화요일 야회夜會**도 포함해서 하는 말이다. 화요일 야회를 열 때마다 말라르메가 형언하기 어려울 만큼 훌륭하게 해냈던 일은, 배달되지 않는 메시지를 받기 위해 자신의 자리를 마련하고 또 감동적이리만치 경건한 주의를 그 메시지에 기울이라는 요청을 한 것이었다. 하지만 아마도 그게 대단한 일이었을 것이다. 다시 말해 그것은 문화적 기대치에 대한 말라르메의 재정의가 지니는 겸손하고도 단호한 일면이다. 문하생들이 뤼 드 롬으로 몰려와서 문하생 노릇을 정당화하려 했다. 그런데 그들은 말라르메가 그들에게 뭔가 할 말이 있을 거라는 그릇된 생각으로 함께 어울리면서 스스로 문하생임을 정당화하려 했을 뿐, 그런 정당화는 가당치 않다는 취급을 받았다.

---

* 말라르메는 "지상의 만물이 존재하는 것은 결국 한 권의 책이 될 것"이라고 말했다. 우주의 진리를 담은 "책", 모든 책을 초월할 그의 "책Le Livre"은 생전에 출판되지 않았다. 말라르메에서 영감을 받아 말라르메, 프루스트, 베케트의 언어와 더불어 문학적 침묵을 파고드는 모리스 블랑쇼의 *The Book to Come*(Trans. Charlotte Mandell, Stanford: Standford UP, 2003)을 참조하는 것도 좋겠다.

** 말라르메는 뤼 드 롬의 자택에서 당대의 예술가, 시인, 지식인들을 초대하여 화요일 살롱을 열었던 것으로 유명하다.

제2장

섹슈얼리티와 미학

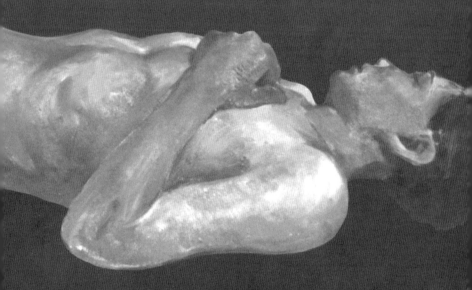

섹슈얼리티가 존재하는가? 섹슈얼리티가 존재한다면, 섹슈얼리티와 섹스 사이의 관계란—관계가 정말 있다면—어떠한가?

　이러한 질문을 미셸 푸코Michel Foucault가 제기하였다. 하지만 우선적으로 그 질문에 대답을 하겠다는 의도 혹은 희망을 가지고 그랬다기보다는, 오히려 그런 질문을 제기하지 못하거나 그런 질문의 제기를 거부하는 데서, 즉 섹스와 섹슈얼리티를 문화적 범주가 아니라 자연적 범주로 만든 데서 파생되는 전략적 이득이 무엇인지를 따져 보기 위해서였다. 푸코는《지식의 의지La Volonté de savoir》*에서 이렇게 쓰고 있다. "섹슈얼리티가 탐구의 영역이 되었다면, 그것은 오로지 권력 관계가 그것을 탐구할 수

---

*　《지식의 의지》는 푸코의《성의 역사History of Sexuality》의 제1권이다.

있는 대상이라고 결정했기 때문이다." 그러므로 섹슈얼리티는 어떤 은밀한 혹은 심오한 인간 현실에 부여된 이름이 아니라, "지식과 권력의 몇 가지 전략에 부합하게" 조직된 "역사적 구성물"일 것이다. 하지만 지난 200여 년 동안 "섹스가 일종의 일반화된 담론적 과민증을 쉬지 않고 자극"했을지라도, 공공연히 알려진 섹스의 비밀이 지식 권력 게임에서 얻을 수 있는 커다란 포상은 아니다.

"몇 세기 동안 모종의 성향으로 인해 우리는 우리가 어떤 존재인가 하는 질문의 답을 섹스에서 찾고자 하였다."[1] 즉, 푸코가 섹슈얼리티와 섹스의 생산이라 일컫는 것은 어떤 의미에서, 인간에 대한 정의 자체를 통제하려는 더 근원적인 노력의 전략적 실행에 불과하다. 그래서 푸코의 저작은 지배와 훈육의 구체적인 사회적 테크닉을 점차 덜 강조하면서, 섹슈얼리티의 역사를 "서구 사회 내 주체의 계보"로 일반화한다. 개인에 대해 "최초로" 혹은 근원적으로 행사되는 권력은 개인들이 고해성사처럼 스스로를 해석하는 데서 나타난다. 지식 권력의 그물망에 관한 연구는 그러므로 "자아의 테크놀로지"를 분해하는 분석이다.

이러한 테크놀로지의 역사에서 프로이트와 정신분석은 어떤 위치에 있는가? 푸코는 프로이트의 혁신이 얼마나 미미했는지를 상기시킨다. 정신분석 이론과 임상기술의 일부 측면(아마도 특히 규범적인 성애심리적 성장이라는 개념, 그리고 치료 과정에서 개인의 섹슈얼리티에 관한 "진실"을 전부 드러내야 한다는 주장)은 가톨릭 교리의 16세기 수정론에서 이미 제시되었던 훈육의 책략을 시대에 맞게 갱신했을 뿐이라는 것이다. 프로이트는 섹슈얼리티라는 구성물을 정립한 것으로 비난을 받아도 안 되고, 섹스가 받아 마땅한 관심을 마침내 섹스에 쏟은 것으로 인정을 받아도 안 된다. 오히려—《지식의 의지》의 마지막 페이지를 인용하자면—그는 "섹스를 연구하여 그것을 담론으로 만들려는 세속적 명령에 새로운 동력을 부여하는 데에—고전기_{classical period}[*]의 위대한 정신적 아버지들 및 지도자들을 방불케 할 만큼—경이롭게 효과적이었다. … "그렇지만 이 "새로운 동력"은 전혀 간과할 만한 것이 아니었다. 프로이트주의_{Freudianism}가 자아 인지와 자아 창조의 근대적 담론 기술로서는 가장 널리 퍼진 것이자 가장 명망 있는 것이었으므로, 프로이트가 자기 가설들을 명시적으로 밝히려는 시도, 즉 그 기술을 세속적 인식론에 정초시키려는 시도로써 훌륭하게 예시하는 바로 그 기술을 스스로 붕괴시켰을 수도 있다는 점에 주목하는 일은 더욱 흥미롭다. 고백적인 우리 문명에 프로이트가 선사한 이론의 세련화, 치료법의 세련화는 인식론적 파국, 즉 섹슈얼리티와 인간 주체 사이의 관계를 정의하지 못한 프로이트의 실패와 불가분의 관계에 있다. 섹슈얼리티라는 구성물 전체가 전례 없는 자기성찰적 움직

---

* 푸코의 고전기는 독특하게 데카르트에서 칸트에 이르는 기간을 아우르는 17세기 무렵을 가리킨다.

임 속에서 거의 붕괴되는 것이다.

"거의 붕괴된다." 그럼에도 불구하고 정신분석은 그 구성물의 효율성에 있어서 어떤 이득을 의미했다. 정신분석이 움직여 온 역사에서 프로이트를 어떤 식으로 억눌렀던—특정한 종류의 프로이트를 억눌렀던—덕분이다. 이 억압에 대해서는 마지막 장에서 다시 다룰 것이다. 지금으로서는 이 점을 묻는다. 내가 담론의 이로운 마비—또는 적어도 담론의 이로운 말더듬기—라고 부르는 내용을 어떻게 프로이트 담론의 심장부에서 찾아낼 수 있는가? 섹슈얼리티에 관한 프로이트의 주된 진술은 1905년에 출판된 책《세 편의 에세이》에서 찾아볼 수 있다. 그런데 제임스 스트레이치James Strachey가《프로이트 표준 전집 Standard Edition》에 수록된 그 책의 소개글에서 상기시키듯, 그 책은 "20년의 기간에 걸쳐 여러 판본들이 계속 나오는 동안 아마도《꿈의 해석The Interpretation of Dreams》을 제외하면 프로이트의 다른 어떤 글보다도 더 많이 수정되었고 더 많은 내용이 추가되었을 것이다"(7:126). 우선 글의 구성적 전략부터 살펴보자. 인간 섹슈얼리티에 관한 논문이 왜 "성적 일탈sexual aberration"에 관한 장으로 시작할까? 첫 번째 에세이—여기엔 동성애, 페티시즘fetishism,** 절시증scoptophilia, 노출증exhibitionism, 사디즘sadism,

---

** 프로이트 전집의 우리말 번역본에는 페티시즘이 "절편음란증"으로 번역되어 있다. 이 책을 번역하면서 프로이트의 개념이나 용어, 제목 등에 관해서는 우리말 번역본을 가능한 한 참조하였으나, 페티시즘이라는 영어 표현이

마조히즘masochism에 관한 절들이 있다—는 아주 다른 두 가지 방법으로 이해할 수 있다. 한편으로 이른바 일탈은 진짜 일탈이 아니다. 프로이트가 일탈을 섹슈얼리티의 발달사[*] 안에, 내가 섹슈얼리티에 관한 목적론적 관점이라 부르는 그 역사 안에 재배치하고 나면, 일탈에서는 그 "비정상적" 성격이 사라져 버린다. 이 관점은 유아기 섹슈얼리티의 여러 "단계"를 거치면서 강화될 뿐 아니라 어쩌면 궁극적으로 그 단계들에 의존하고 있을 수도 있지만, 유아기 섹슈얼리티의 여러 단계는 프로이트의 사유에서 비교적 늦게 발전된 내용이다. 그 단계들에 관한 절은

상당히 널리 통용되고 있는 마당에 절편음란증이라는 전문용어가 다소 생경하므로 이 책에서는 페티시즘으로 쓴다. 절편음란증은 몸 전체가 아닌 일부만을 성애의 대상으로 삼는다는 뜻을 전달하기 위해 만들어진 어휘로 보이는데, 신체 일부뿐 아니라 구두나 속옷 등 신체와 관련된 사물이 성애적 대상이 되는 경우도 있으므로 꼭 정확한 용어라고 보기는 어렵다.

[*]   버사니가 여기서 섹슈얼리티의 "역사history"라고 칭하는 내용은 미셸 푸코가 논하는 섹슈얼리티의 역사처럼 시대의 흐름을 포괄하는 섹슈얼리티 개념의 변화 등을 의미하지 않는다. 오히려 개인의 성애심리적 발달과정 안에서 섹슈얼리티가 어떻게 생성되고 변화하는지를 살피는 프로이트의 고찰을 섹슈얼리티의 "역사"로 칭한다는 점에서, 개별 주체의 삶 속에서 펼쳐지는 일종의 개체발달적 역사를 가리킨다. 버사니는 프로이트가 이 같은 섹슈얼리티의 다양성 및 변화가능성을 기술하면서도 결국 발달사적 서사로 섹슈얼리티를 포괄함으로써 규범으로서의 이성애적 섹슈얼리티를 종착점으로 삼는 목적론을 이론화한다고 비판하고 있다. 따라서 혼동을 피하고 저자의 의도를 정확히 전달하기 위해서 역자는 버사니가 "역사history"라고 기술하는 내용을 맥락에 따라 발달사로 번역하였다.

《세 편의 에세이》 중 두 번째 에세이에 들어 있는데 1915년에 추가되었다. 프로이트는 1913년 논문 〈강박 신경증에 잘 걸리는 기질The Predisposition to Obsessional Neurosis〉에서 전前성기적 조직pregenital organization(사디즘적 항문기)에 대해 처음 언급한 것으로 보인다. "구순기口脣期" 혹은 "식인기食人期, cannibalistic stage"는 방금 언급한 《세 편의 에세이》에 1915년 추가된 내용에서 처음 기술된다. "남근기"는 1923년에서야 다른 두 단계에 추가되었다. 이러한 "발견들"은 아이들에 대한 임상적 관찰과 크게 상관이 없는 것으로 보이며, 프로이트는 성기가 조직화되는 발달과정에서 일어나는 "억제inhibitions와 교란disturbances"에서 그러한 내용을 유추했다고 말한다.[2] 게다가, 이 초기의 단계들은 "존재한다는 시늉만 겨우 하고는 보통 순조롭게 지나가 버린다. 그 단계들이 활성화되고 표면적 관찰로 식별가능해지는 경우는 병리적 사례뿐이다"(7:197-198). 그렇다면 정상적인 유아기 섹슈얼리티의 단계들은 성생활에 병리적 장애를 겪는 성인들에 대한 분석을 바탕으로 구성된 내용이다. 유아기 섹슈얼리티의 여러 단계에 대한 임상적 "검증"은 그러므로 불가피하게 그런 단계들이 있다고 전제하는 이론에 의거하게 되는 것이다.

　하지만 그렇기 때문에 그 단계들이 분명한 발달사적 체계로서 실재하는지가 다소 문제가 될지라도, 인간 섹슈얼리티에 관한 이론 일반에서 그 단계들이 갖는 전략적 가치는 말할 수 없이 크다. 성적 일탈이 아동기에만 속하는 것이 아니라 프로이트가 말하는 "일종의 성적 체제sexual régime"를 구성하는 것임이 인정되면, 일탈은 일탈적 성격을 잃고 정상적 섹슈얼리티의 "구성 충동들component instincts의 견고한 조직화의 준비단계 또는 시작하다 중단된abortive 상태"라는 것이 드러난다(7:197-198). 이성애적 성기 집중heterosexual genitality은 섹슈얼리티의 구성 요소들이 안정적으로 위계를 이룬 상태이다. 그러므로 성인의 도착perversion은 미완성 서사uncompleted narrative라는 질병으로 인식할 수 있게 된다.

하지만 섹스에 관한 이 이야기는 절반에 불과한 설명이다. 프로이트의 세 번째 에세이의 첫 절은 성적 쾌(감) sexual pleasure* 과 성적 자극sexual excitement을 정의하려는 흥미롭고도 힘겨운 시도이다. 첫째, 섹슈얼리티의 목표로 추정되는 것이 섹슈얼리티의 발전사와 불일치하는 것으로 판명된다. 프로이트에 따르면, 성기 오르가즘의 쾌감은 "강도에 있어서 최고이며 그 기제는 그보다 먼저 경험하게 되는 쾌감과 다르다. 그것은 온전히 사출로 인해 발생한다. 그것은 전적으로 충족에서 오는 쾌감이며, 그 쾌감과 더불어 리비도의 긴장이 일시적으로 해소된다." 쾌의 경제

---

* pleasure는 흔히 "쾌락"으로 번역되지만 "쾌락"이라는 우리말이 암시하는 인식론적 요소가 언제나 프로이트의 개념과 일치하지 않는다는 문제가 있다. 역자는 프로이트가 언급하는 pleasure와 unpleasure가 감각의 차원에서 경험되는 것임을 상기하여 (이미 출판된 우리말 번역본의 제목 등을 언급할 경우를 제외하고) 가능한 한 각각 "쾌"(혹은 "쾌감"), "불쾌"로 번역한다.

에 관한 프로이트의 이론이 (특히 지난 20년 동안 미국에서) 얼마나 많은 비판을 받았는지를 감안하면,《세 편의 에세이》에서 오로지 성기의 쾌감만이 사출 혹은 긴장 완화의 쾌감으로 정의된다는 점은 의미심장하다. 목적론적 관점에서 프로이트는 "성감대의 자극에서 오는 부류의 쾌감"을 "전-쾌감fore-pleasure"으로, "성적 물질의 사출에 따른 또 다른 쾌감"을 "마지막-쾌감end-pleasure"**으로 칭한다(7:210). 이 구분은 이제 익숙한 것이 되었지만 어쩌면 여기서 충분히 강조되지 않았던 점[3]은, 이른바 전-쾌감(성감대에서 얻는 쾌감)이 결국—프로이트의 세 번째 에세이의 제목을 차용하자면—"사춘기의 변화"에 이를 때까지 마지막-쾌감과는 별개로 존재하므로, 전-쾌감과 마지막-쾌감의 구분이 실제로 섹슈얼리티 자체의 두 가지 다른 존재론ontology을 이룬다는 점이다.《세 편의 에세이》의 결론에서 프로이트는 "섹슈얼리티의 본질을 구성하는 생물학적 과정에 대해 너무나 적은" 지식만이 있을 뿐이어서(7:243) "성적 만족과 성적 자극 사이의 관계"를 만족스럽게 설명할 수 없었다고 토로한다(7:233).***

** 끝, 마지막, 마무리를 의미하는 영어표현 end에 '목적'이라는 의미가 함께 들어 있음을 유념하면 버사니가 강조하는 프로이트의 '목적론적' 관점을 이해하는 데 도움이 될 것이다.

*** 이 어려움은 특히 생식기의 성적 감각과 관련해서 자극과 만족이 언제나 단선적 인과관계를 이루지 않는다는 데 대한 기술에서 언급된다. "생식기의 성감대는 유아기에도 두드러지는 것 같다. 이는 두 가지 방식으로 전개될 수

하지만 이 실패의 고백은 전-성기적 섹슈얼리티의 존재론에만 적용되어야 논리적일 것이다. 마지막-쾌감에서는 엄밀히 말하자면 만족과 자극 사이에 전혀 관련이 없다. 그것은 자극의 소멸에서 나오는 것이기 때문이다. 이 점을 생각하면, 섹스의 끝, 즉 섹스의 목표가 곧 섹스의 종말, 섹스의 사라짐일 수도 있을까 묻게 된다. 정신분석이 섹슈얼리티를 정의하면서 겪는 난관에 대해 이야기하면서 프로이트는—자기 의도와는 다르게?—마치 유아기 섹슈얼리티가 섹슈얼리티 그 자체인 양, 마치 유아기의 섹슈얼리티가 인간 섹슈얼리티의 "주요 행위"로 나아가는 과정에서 준비단계의 역할, 종속적 역할을 한다는 점을 스스로 잊은 양 글을 쓰고 있다.

실제로, 프로이트가 생식기의 쾌감을 규정하려 할 때는 이야기가 사뭇 달라진다. 그리고 훨씬 문제가 커진다. 프로이트에 따르면, "성적 자극이 긴장의 성격을 지닌다는 사실은 문제를 유발하며, 그 문제의 해결은 그것이 성적 과정에 대한 우리의 이해에 중요한 만큼이나 어려운 일이다." "문제"는 "이 주제에 대

있다. 첫째, 다른 성감대와 마찬가지로 생식기는 적절한 감각 자극에 반응한다. 아니면, 매우 납득하기 어려운 방식으로, 다른 출처에서 만족감을 얻게 될 때 생식기와 특별한 관련이 있는 성적 흥분이 동시에 일어난다. 우리는 성적 만족과 성적 자극 사이의 관계나 성감대의 활동과 섹슈얼리티의 다른 원천들의 활동 사이의 관계를 만족스럽게 설명할 수 없었음을 마지못해 인정해야 했다"(7:233).

해 심리학자들 사이에 들끓는 온갖 입장 차이에도 불구하고 …
긴장의 느낌이 필연적으로 불쾌를 수반한다"는 주장을 프로이
트가 고수하는 데서 발생한다. 여기서 "결정적인" 요인은 긴장
의 느낌이 "심리적 상황에 변화를 가져오려는 충동을 수반"한
다는 사실이라고 프로이트는 말한다. 즉 긴장의 느낌은 "절박하
게" 작용하며 그 절박함은 "쾌감의 본성과는 전적으로 이질적
인" 방식이라는 것이다. 그런데 성적 자극은 "또한 쾌감을 유발
하는 것으로 느껴지는 것이 틀림없다." 사실상 "성기에서 일어
나는 준비단계의 변화에서도 긴장 자체에 어떤 만족감이 있다"
고 프로이트는 덧붙인다(7:209). 그러므로 우리는 성기 중심의
섹슈얼리티 자체가 전적으로 사출의 쾌락에 의해서만 지배되는
것은 아니라는 점을 부수적으로 주목해 볼 수 있다(이 점은 당연
하지만 결코 무시할 수 없다). 성기집중은 분열된 성적 체제이다.
그것은 다른 성적 단계들과 달리, 전-쾌감과 마지막-쾌감, 긴장
의 쾌감과 사출의 만족감을 다 포함하고 있다. 우리의 "문제"로
다시 돌아가 보자. 프로이트는 묻는다. 불쾌한 긴장과 쾌는 어떻
게 화해 가능한가?

　섹슈얼리티는 쾌와 불쾌한 긴장의 동시적 발생을 특징으로
할 뿐 아니라, 세 번째 에세이의 앞부분에서 프로이트가 그다음
에 기록하고 있듯이, 성적 자극에서 오는 긴장, 쾌를 유발하면서
도 불쾌한 그 긴장이 해소를 추구하지 않고 증가를 추구한다는
점에서 더욱 의아하다. 일반적으로, 프로이트는 성적 자극이 마

치 가려움 혹은 재채기를 하려는 충동과 유사한 것인 양 이야기하는 경향이 있다. 하지만 사출에 이르기 전의 섹스에서 가려움과의 유비관계는 더 이상 성립하지 않는다. 우리는 결국 가려움을 없애려고 긁는 것인데, 섹스는―그 유비를 조금 더 활용하자면―가려움이 연장되기를 무엇보다도 바라는, 심지어 가려움이 극심해지기를 바라는 가려움인 것이다. 프로이트에 따르면, 만약 흥분된 여자의 가슴 피부를 만지면 그 접촉은 쾌를 유발할 것이고 그 쾌가 "쾌의 증가를 요구하는 성적 흥분을 일으킨다. 문제는," 프로이트의 결론에 의하면, "쾌의 경험이 어떻게 해서 더 큰 쾌의 필요를 야기하게 되는가이다"(7:210). 똑같은 질문이 《세 편의 에세이》의 두 번째 에세이에서 좀 더 예리하게 제기된 바 있다. 유아기 섹슈얼리티에 대해 논의하면서 프로이트는 "한 가지 자극을 없애기 위해서 같은 자리에 다른 자극을 가할 필요가 있는 것 같다"는 점이 "다소 의아하다"고 인정했었다. 자극을 다루는 이 예외적인 방식, 그리고 불쾌한 긴장을 반복하고 심지어 강화하려는 바람을 어떻게 이해해야 할 것인가? 섹슈얼리티에서, 쾌가 만족과 어떻게든 구분되는 것이며 어쩌면 심지어 일종의 고통과 동일한 것이라는 말은 무엇을 의미할까? 혹은, 이 모든 것이 그저 "발화" 그 자체의 징후에 불과한가? 다시 말하자면, 아니 어쩌면 더 정확히 말하자면, 프로이트 텍스트의 난해함은 언어가 몸에 대해서 갖는 기능장애적 관계를 여기서 징후적으로 드러내는 것인가?

한 가지는 확실하다.《쾌락원칙을 넘어서》보다 15년 전에 프로이트는 이미 반복repetition과 관련된 문제들을 숙고하고 있었다는 사실이다. 하지만《세 편의 에세이》에서, 불쾌한 무언가의 불가사의한 반복(심지어 강화)은 명시적으로 섹슈얼리티에 내재하는 것으로 간주되고 있다. 프로이트는 곧 이렇게 말하려는 것처럼 보인다. 쾌락원칙을 넘어서 우리가 발견하게 되는 것이 바로 섹슈얼리티라고. 어쨌든, 성적인 것을 정의하려는 프로이트의 시도를 가로막는 것은 반복—혹은 어쩌면 집요한 정지상태라 할 수 있는 무언가—이다. 섹슈얼리티를 기술하는 행위 속에 정의불가능성이 각인되어 있는 셈이다. 프로이트가 인정하듯 우리는 섹슈얼리티의 "본질"에 결코 다가갈 수 없지만, 섹슈얼리티는 쾌를 유발하는 불쾌, 혹은 이미 불쾌한 쾌를 증가시키거나 자극을 반복함으로써 자극을 제거하려는 충동과 어떻게든 연결되어 있다. 그리고 우리는 이러한 반복의 시도를 끝도 없이 보아 왔다. "대상의 발견은 사실 대상의 재발견"이라는 프로이트의 유명한 발언*은 목적론적 관점 전체를 위협한다. 우리 중

---

* 이 문장은《세 편의 에세이》의 세 번째 에세이 〈사춘기의 변화들〉의 5장 "대상의 발견" 첫 문단의 끝부분에 등장한다. "그러므로 어머니의 젖가슴을 빠는 아이가 사랑의 관계 전부의 원형이 된 데는 충분한 이유가 있다. 대상의 발견은 사실 대상의 재발견이다(The finding of an object is in fact a refinding of it)"(7:222). 그런데 의아하게도, 이 유명한 마지막 문장이 1996-1998년에 걸쳐 20권으로 출판되었던《프로이트 전집》(열린책들, 9권, 348면에 해당)에나, 곧이어 15권으로 재편집되어 다시 출판된 개정판

에서 유아기 섹슈얼리티 단계들의 고통스러운 시련을 통과하여 구순기, 항문기의 구성 충동들을 성기의 지배적 우위에 위계적으로 적응시킨 사람들은—대상 선택에서 운이 좋다면—이 과정 전체의 맨 처음으로 다시 돌아가는 셈이다. "어머니의 젖가슴을 빠는 아이는 사랑의 관계 전부의 원형이" 되었다(7:222). 이야기의 끝은 이미 이야기의 시작에 있다. 목적론적 움직임은 그 목표지점에 다다르는 바로 그 순간에 역주행한다. 그리고 섹슈얼리티의 선형적 서사는 원형(순환)으로써 완결된다.

대상의 재발견이라는 말은 물론 대상이 있었음을 암시한다. 그런데, 첫 대상이 절대적이라고 우리는 굳게 믿지만 프로이트에 있어서 최초의 대상이 지니는 위상처럼 불확실한 것은 없다. 장 라플랑슈Jean Laplanche는 프로이트 이론에서 섹슈얼리티가 지니는 반성적 성질을 강조하였다. 그는 반성적 성질의 기원을 주체의 자기성애적auto-erotic 자아 회귀에서 발견한다.[4] 사실상, 어떻게 "[유아기에] 성적 행동이 자기 보존의 목적에 부합하는 기능에 부착"되는지에 관한 두 번째 에세이의 논의에서, 어머니의 가슴, 더 정확하게는 "따뜻하게 흐르는" 어머니의 젖은 아이가 입술이 성감대임을 알게 되는 우연한 원인에 불과한 것으로 취급된다. 이 관점에서 보면 원래의 성적 대상을 재발견하는 것은

<hr>

《프로이트 전집》(열린책들, 7권, 125면에 해당)에도 누락되어 있다. 우리말 번역본을 참조하는 독자는 이 점을 유념하기 바란다.

똑같은 방식으로 입술을 자극할 수 있는 다른 대상을 전유하는 것보다 훨씬 덜 중요할 것이다. 아이는 자기의 혀와 입술을 빨 것이고, 프로이트는 아이가 심지어 엄지발가락도 빨 것이라고 덧붙인다. 또 입술 부분이 성감대로 특히 중요한 사람은 프로이트가 말하는 "키스 탐닉가"가 되어 "도착적으로 키스하는 성향을 보일 것이고, 남자라면 음주와 흡연의 강력한 동기를 갖게 될 것이다." 엄지손가락과 발가락은 열등한 2차적 성감대가 된다. 또 프로이트는 흥미롭게도, 우리가 다른 사람의 입술에 키스하는 것은 부분적으로 우리 욕망의 대상을 최초 쾌감의 원천과 일치시키기 위해서라고 주장한다. 키스가 지닌 근저의 뜻이 "'나 자신에게 키스할 수 없어서 안타깝다'"는 것이라면(7:181-182), 실제 대상이건 환상 속의 대상이건 젖가슴이 갖는 중요성은 상당히 줄어든다.

　섹슈얼리티에 관한 프로이트의 개념에서 대상은 계속 사라졌다 다시 나타나곤 하는데, 그처럼 모호한 대상의 역할은, 절시증, 노출증, 또 특히 성생활에서의 잔인함을 어떻게 "위치시킬 것인가"에 대한 프로이트의 머뭇거림을 설명하는 데 도움이 될 수 있다. 프로이트는 "애초부터" 이러한 충동drive들이 "다른 사람들을 성적 대상으로 연루한다"는 단언으로써 말문을 연다. 그것들은 "아동기에는 성감대의 성적 행위와 첫 번째 심급에서 구분되는 별개의 충동으로 관측"될 수 있다. 하지만《세 편의 에세이》의 1905년 판본과 1910년 판본의 그다음 페이지에서는

"성적 발달과 절시증 본능 및 잔인함의 발달" 사이에 있는 어떤 "상호적 영향력"에 대해서 언급한다. 이 영향력은 "이 두 부류의 본능*이 서로 별개라는 추정에 제약을" 가하는 것이다. 이 단락에는 그 "상호적 영향력"이 어떻게 작용할 수 있는지도 암시되어 있다. "동물이나 놀이 친구들에게 특히 두드러지게 잔인함을 보이는 아이들은 강렬하고 조숙한 성적 활동을 성감대에서 경험한다는 혐의를 불러일으키며 그 혐의는 타당하다"(7:192-93). 이 잔인함은 강렬한 유아기 섹슈얼리티에서 나온 것일 수 있다. 이 말은, 우리가 살펴보았듯이, 잔인함이 자기성애의 파생물이라는 뜻이다. 어떤 의미에서 이 문제는 1920년 이후 한물간 것이 되었다. 첫 번째 에세이의 사디즘과 마조히즘에 관한 절에 붙인 각주는, 결국《쾌락원칙을 넘어서》로 이어지고 마는 이 질문이 프로이트로 하여금 "본능의 기원에 근거하여 사디즘과 마조히즘이라는 한 쌍의 반대항에 독특한 위상을 부여하고 사디즘과 마조히즘을 나머지 부류의 '도착'과는 구분하여 자리매김하도록" 이끌었다고 밝힌다(7:159).

그러나《세 편의 에세이》에서 찾아볼 수 있는 주저와 혼란은 말하자면 1920년에 등장하는 중대한 본능의 이원론을 예견할

---

* 여기서 말하는 본능의 두 부류는 바로 위에 언급했던 ① 성적발달이라는 서사에 봉사하는 성감대 중심적 행위의 충동과 ② 절시증, 노출증, 잔인함 등 대상을 연루하는 충동을 가리킨다.

수 있게 한다.《쾌락원칙을 넘어서》부터 마지막 논고에 이르기까지 프로이트는 비非에로스적 파괴성향의 존재를 (심지어 그 스스로 그에 반대되는 증거를 수집하면서도) 끊임없이 주장하게 된다(처음에는 에로스에 반대되는 "죽음 본능death instinct"의 형태로, 나중에는 죽음 본능에서 나오는 것으로 추정되는 공격성, 즉 우리가 살펴보았듯이《문명과 그 불만》에서 주장하는 개인과 문명의 대립관계를 유지하게 하는 공격성의 형태로 말이다). 하지만《세 편의 에세이》에서 프로이트는 분명하게 잔인함을—더 구체적으로는, 사디즘과 마조히즘을—유아기 섹슈얼리티의 중심부에 위치시킨다. 흥미로운 것은 그의 망설임이 섹슈얼리티에서 잔인함이 정확히 어디에 자리하는가와 상관이 있다는 사실이다. 잔인함은 "구성 본능" 중 하나인가? 잔인함은 성감대에 부착된 성적 행위들과는 별개인가? 만약 그렇다면 잔인함을 성적 발달과정과 어떤 식으로든 연결시키는 "상호적 영향력"은 무엇인가?

프로이트가 처음에 성적 일탈로서 사도마조히즘을 규정하는데 어려움을 겪었다면, 그것은 아마도 결국 그가 연구 끝에 이르게 된 결론, 주목받지도 못했고 틀림없이 그가 바라지도 않았던 결론 때문일 것이다. 이 예외적이고도 주변적인 섹슈얼리티의 발현방식이 손에 잡히지 않는 섹슈얼리티의 "본질"을 구성하는 것일 수 있을까?(아니, 더 정확히 말해서, 그것이 섹슈얼리티가 생겨나는 조건일 수 있을까?) 내가 언급했듯이 프로이트는《세 편의 에세이》의 마지막 문장에서《세 편의 에세이》의 목적을 엄혹하게 평가하였다. "우리는 섹슈얼리티의 본질을 구성하는 생물학적 과정에 대해 너무나 아는 바가 적기 때문에, 우리의 파편적 지식을 가지고는 정상적 조건이나 병리적 조건의 이해에 적합한 이론을 구성하기 어렵다." 사실상 일종의 결론이 내려진 것이다. 심지어 그 결론은 다소 집요하게 제시되었으며, 그 결론에 주목하지 않고 지나치기 쉽다면 그 이유는 그 결론이 이 책의 주제의 구체성을 소산시킬 위험을 무릅쓰는 것이기 때문이다. 유아기 섹슈얼리티의 원천에 대한 절에서 프로이트는 이렇게 말한다. "공포를 야기하는 것을 포함하여 비교적 강렬한 모든 정동적affective 과정이 섹슈얼리티로" 넘쳐흘러 들어간다 [auf die Sexualerregung übergreifen]는 점을 "입증하기는 쉽다"(7:203). 그리고 두 페이지 뒤에서 이렇게 말한다. "유기체 안에서 일어나는 일로서 어느 정도 중요성을 지닌다면 성적 본능의 자극에 어떤 구성요소를 제공하지 않을 리가 없다고 해도 과언이 아니다"(7:205). 이 절이 제시하는 사례들—지적인 긴장, 언쟁, 놀이 친구와의 몸싸움, 기차 여행 등을 포함하는 예들—이 분명히 시사하듯이, 성애화하는 작용을 하지 않는 것은 거의 없다. 이러한 생각은 마침내 《세 편의 에세이》를 결론적으로 요약하는 부분에서 다시 언급된다. 여기서 프로이트는 성적 흥분이 "유기체 내에서 발생하는 다수의 과정들이 일정한 강도에 도달하자마자 생겨나는 … 부산물"이라고 말하며 "더욱이, 괴로운 성격의 감정일지라도 상대적으로 강력한 감정"에 이르면 성적 흥분이 일어난다고 덧붙인다(7:233).

　이러한 구절들을 보면 프로이트는, 몸이 느끼는 감각이 "정상적" 범위를 초과할 때, 그리고 감각 또는 정동적 과정이 심리적 조직과 양립가능한 범위를 넘어섬으로써 자아의 조직이 일시적으로 교란될 때 쾌를 유발하는 성적 흥분의 불쾌한 긴장이 발생한다는 입장을 향해 가는 것으로 보인다. 라플랑슈에 따르면, "어떤 행위도, 유기체에 가해지는 어떤 조정도, 어떤 동요ébran-lement도, 약간의 효과를 자아낼 수 있으며 그 효과가 바로 이[동요, 파열shattering의]* 효과가 생겨난 지점에서의 성적 흥분이다."[5] 섹슈얼리티란 구조화된 자아에게는 견딜 수 없는 그 무엇일 것이다. 이런 관점에서 보면 유아기의 두드러지는 특징은 **성적인 것에 민감한 특성**susceptibility to the sexual이다. 유아기 섹슈얼리티의 다형적 도착성polymorphously perverse nature은 아이가 파열의 경험에 취약하며 파열을 경험함으로써 섹슈얼리티로 진입한다는 사실의 한 가지 작용일 것이다. 섹슈얼리티의 기원이 인간적 삶 속의 데칼라쥬décalage** 혹은 간극에 의존하는 것이라

---

* 라플랑슈의 "동요"와 버사니의 "파열" 개념에 대해서는 97쪽 역주에서 더 자세히 설명하겠다.

** "여기서 사용되는 프랑스어 '데칼라쥬'는 간극, 빈틈으로 번역할 수 있는데, 상처입은 구조를 보충하고 지지하던 인공적 보완물을 제거할 때 드러나는, 구성적 요소로서의 불완전성 혹은 불안정성 자체를 가리킨다"(윤조원, 〈리오 버사니의 퀴어한 부정성〉, p. 145).

는 점에서 섹슈얼리티는 특히 인간적인 현상이다. 이때 간극이란 우리에게 주어지는 자극의 양과, 그것을 견딜 수 있는 에고의 구조, 즉 프로이트 용어로 말하자면 그 자극들을 수용할 수 있는 에고 구조의 발달 사이의 간극을 말한다. 섹슈얼리티의 불가사의는 이처럼 파열을 초래하는 긴장을 우리가 없애려고만 하는 것이 아니라 그 긴장을 반복하고 심지어 증폭시키려 한다는 사실이다. 섹슈얼리티에서 만족은 만족을 찾으려는 고통스러운 욕구need에 내재한다. 그러므로 그것은 잔인함—혹은 이제 더 구체적으로 말하자면 모든 형태의 잔인함의 "기반"으로서의 마조히즘—이 성감대와 별개로 작용하는지 아닌지의 문제도 아니고, 잔인함과 성적 발달을 어떻게든 함께 묶는 "상호적 영향력"을 찾아내는 문제도 아니다. 오히려 섹슈얼리티를—적어도 그것이 구성되는 양태에 있어서는—마조히즘의 동어반복으로 생각할 수 있는 것이다.

내가 제시하고자 하는 견해는, 아주 중요하게도 **마조히즘이 생명에 봉사한다**는 점이다. 파열을 초래하는 자극들에 노출되는 기간과 내가 방금 언급했던 저항적 혹은 방어적 에고 구조의 형성과정 사이의 간극에도 불구하고 유기체로서 인간이 살아남을 수 있는 까닭은 아마도 오로지 섹슈얼리티가 존재론적으로 마조히즘에 기반을 두고 있기 때문이다. 마조히즘은 성장이라는 생물학적 기능장애의 과정을 부분적으로 이겨 내는 심리적 전략일 것이다. 섹슈얼리티의 모델로서 마조히즘은 우리가 유아기와 아동기 초기를 견뎌 낼 수 있게 해 준다. 동물들은 어릴 때 벌써 교접을 하지만 인간은 어릴 때 섹슈얼리티를 만들어 낸다. 마조히즘은 단순히 개인적 일탈이 아니고, 진화과정에서 이룬 극복에서 유래하는, 유전된 기질이다.

그러므로, 《세 편의 에세이》가 펼치는 목적론적 논지에 나란히, 전적으로 다른 논지가— 집요하지만 또한 거의 눈에 띄지 않게 —전개되는 것이다. 프로이트는 자기가 다루는 주제가 매우 특수성을 띠는 것으로 인식되기를 바랐을 수도 있겠지만, 이 두 번째 논지는 그러한 특수성을 와해하는 것이나 다름없다. 프로이트는 첫 번째 에세이에서 이렇게 말한다. 이른바 비정상적인 성적 사례들을 다룬 경험은 "그런 사례들에서 성적 본능과 성적 대상이 단순히 땜질되어 있을 뿐이라는 것을 알게 해 주었다. … 우리는 그러므로 우리가 생각해 왔던 본능과 대상의 결속관계를 풀어 버려야 한다는 경고를 받은 셈이다"(7:148).* 원래의 대상을 "재발견"하려는 노력은 어떤 대상도 특권화하지 않는 기질로 회귀하려는 시도일 것이다. 즉 어떤 원천에서도 섹슈얼리티가 생겨날 수 있는 기질(우리는 젖가슴, 엄지손가락, 그네, 어떤 생각 등으로도 자극을 받을 수 있다)로, 끝으로, 신체 모든 부위가

---

* 욕망과 그 대상이 본질적으로 고정된 관계에 묶여 있지 않다는 프로이트의 고찰은, 욕망이 반드시 특정한 종류의 대상으로만 향하거나 특정한 신체기관만을 통해 작용하지 않는 것이기에 규범적 섹슈얼리티, 즉 성기중심의 이성애 역시 우연적인 섹슈얼리티일 수 있다는 중요한 주장을 가능하게 하였다.

잠재적 성감대인 기질로의 회귀 말이다. "절시증과 노출증에서 눈은 성감대에 해당한다"고 프로이트는 첫 번째 에세이에서 기술한다. 잔인함을 연루하는 섹슈얼리티에서는 "피부가 그와 같은 역할을 맡는" 것이고, 프로이트는 심지어 피부를 "탁월한 성감대"라고 칭한다(7:169). 또 1915년에 추가된 각주에서도 이런 내용을 발견할 수 있다. "더 성찰하고 달리 관찰한 바를 함께 고려한 결과, 나는 온몸과 모든 내장기관에 성감대적 특성이 있다고 생각하게 되었다"(7:184). 인간 섹슈얼리티에 대한 탐구가 결국 대상 특수성object-specificity과 기관 특수성organ-specificity으로부터 성적인 것을 분리해 내게 되는 것이다. 우리는 우리를 거의 파열시키는 것을 욕망하고, 그 파열의 경험은 **어떤 특정한 내용도 없는** 듯이 보일 것이다. 이렇게 말하는 것은 그 경험을 말로 할 수 없다는 사실, 그것이 인간적 삶의 비언어적 생물학에 속한다는 사실을 말하는 유일한 방법일지도 모른다. 정신분석은 바로 그러한 생물학을 심리학으로 전환하여 담론으로 만들어 내는 전례 없는 시도이다. 존재에 대한 의식으로부터 우리를 **뒤로 물러나게** 만드는 존재의 어떤 진동이 언어를 "어루만질" 수도 있고 언어가 그러한 존재의 진동을 "포착"할 수도 있다고 주장하려는 시도인 것이다.

동물과 인간에게서 공통적으로 발견되는 육체적 접촉의 경험과는 구분되는 인간의 섹슈얼리티가 인간이라는 종으로서 갖게 된 일종의 기능적 일탈이라면, 우리의 성적인 삶에서 무산되기 일쑤이며 불완전하고 미발달된 초기단계들은 섹슈얼리티의 본질을 구성하는 동시에 그 본질을 철저히 드러낸다. 섹슈얼리티의 존재론은 그것의 발전사와 무관하다. 섹슈얼리티는 다양한 성적 행위에서**뿐만 아니라** 비非성적이라고 여겨지는 다양한 행위들에서도 나타난다. 하지만 섹슈얼리티를 구성하는 **자극**은 두 성인들 사이의 애정 어린 성교에서나, 한없이 순종적인 피지배 대상을 내리치는 무자비한 지배자의 채찍질에서나, 은빛 하이힐을 열심히 어루만지며 무아지경에 빠지는 페티시 애호가의 자위행위에서나 마찬가지이다. 《세 편의 에세이》의 목적론적 논지가 섹슈얼리티를 발전사로 다시 쓰고 또 기관 특수성과 대상 특수성을 복원함으로써 섹슈얼리티를 서사로 다시 쓰는 시도를 보이긴 하지만, 섹스의 기층基層으로서 섹슈얼리티는 시간과 무관하다. 프로이트의 저작은 정신분석적 신체의 존재를 텍스트로 요약해 낸 것이다. 유아기 섹슈얼리티의 단계들과 그 정점인 오이디푸스 콤플렉스는, 괴로워하는 그 텍스트를, 말하자면 동어반복적이고 자기부정적인 명제들로 뒤엉킨 그 텍스트를 이해가능한 것으로 만들어 준다. 같은 방식으로 에고는 인간 삶의 첫 몇 년을 위험에 빠뜨리기도 하고 보호하기도 하는 자극의 물결을 길들이고 구조화하고 서사화할 것이다. 바로 그 과정이 정신분석 담론의 텍스트라는 몸으로—프로이트의 몸으로*—

기술되고 예시된다.

《문명과 그 불만》의 교착상태로 우리가 다시 돌아온 것일까? 우리는 그 책이 제시하는 개인과 문명 간 대립관계를 해체할 가능성을 제시했었다. 하지만, 마조히즘적 파괴성향이 부모와의 동일시라는 변수 많은 일화에 근거하는 것이 아니라 섹슈얼리티의 존재론 자체에 근거하는 것이라고 봄으로써, 이제는 어쩌면 바로 그 대립관계를 강화하였다. 《세 편의 에세이》의 대항논지라고 내가 칭했던 것—목적론적 입장에 반하여 전개되는 논지—에 따르면 섹슈얼리티는 원래 개인들 사이에서 일어나는 강렬한 감각의 교환이 아니라, 세상과 망가진 교섭을 하는 상태, 마조히즘적 주이상스jouissance의 자아파열적 기제를 타자가 그저 촉발하는 상태일 것이다. 이런 관점에서 1915년의 글 〈본능과 그 변화Instincts and Their Vicissitudes〉에서 프로이트가 제시하는 사디즘, 마조히즘의 계보가 지니는 독보적인 중요성을 가장 잘 이해할 수 있다. 사디즘적 섹슈얼리티의 불가사의—즉, 우리가 왜 타인에게 권력을 행사하고자 하는가라는 좀 더 수월한 문제와 별개로, 우리가 어째서 타인의 고통에 성적으로 흥분할 수 있는가의 문제—를 설명하기 위해서 프로이트는, 타인이 고통을 겪는 광경이 모사적mimetic 재현을 자극하고 그것이 주체를

문에 라틴어(*in corpore freudiano*)로 표기되어 있다.

파열하여 성적 흥분상태로 만든다는 견해를 제시하게 된다. 〈본능과 그 변화〉에서 사디즘은 고통받는 대상과의 마조히즘적 동일시로 정의된다. 라플랑슈는 성적 쾌감이 "고통받는 위치에서" 프로이트의 도식에 등장한다고 주장하며, 환상에 의거하는 재현이 그 자체로 동요ébranlement*이고 그러므로 "그 기원에 있어서 마조히즘적 성 충동의 등장과 밀접하게 관련"되어 있다는 견해를 제시한다.[6] 타인의 고통은—이미 인용했던 《세 편의 에세이》의 구절을 다시 떠올리자면—"괴로운 성격의 감정일지라도, 상대적으로 강력한 감정", 즉 섹슈얼리티를 생산하는 감정이다. 그러므로 사도마조히즘적 섹슈얼리티는 섹슈얼리티 자체의 구성을 보여주는 일종의 멜로드라마적 판본이라 할 수 있을 것이고, 사도마조히즘의 한계적 특성은 그것이 성적인 것의 존재론적 기반을 분리해 내고 심지어 그 기반을 가시화한다는 사실에 있는 것이다.

사도마조히즘의 실천은 틀림없이, 내가 추정하는바 진화과정상의 필요로 생겨난 마조히즘을 서사화하는 일이다. 기능장애

---

*   라플랑슈의 동요는 자극의 과잉에 의해 자아가 평정을 잃고 압도되는 상태를 가리킨다. 이 상태를 버사니는 한층 더 강조하여 자아의 파열shattering로 일컫는다. 라플랑슈의 동요와 버사니의 파열은 중첩되는 개념으로, 쾌와 불쾌가 분리불가능한 상태로 작용하는 영역으로서 섹슈얼리티를 이론화할 수 있게 하며 바로 그래서 버사니가 섹슈얼리티 자체를 마조히즘으로 설명하는 것이다.

의 연속으로 진행되는 인간의 성장과정에 대한 해결책으로서의 마조히즘은 그렇다면 기능장애적 선택으로 반복된다. 이번엔 생존보다 소멸을 위한 선택이다. 터무니없는 한계상황이긴 하지만 사드 후작Marquis de Sade이 뭔가를 예시한다는 점을 여기서 분명히 인정해야 할 것이다. 사드는 〈본능과 그 변화〉가 암묵적으로 펼치는 논지를 극화劇化한다. 즉, 모사적 섹슈얼리티가 사도마조히즘적 섹슈얼리티라는 점이다.[7] 《소돔의 120일The 120 Days of Sodom》에서 사드는, 다른 사람들이 우리를 흥분시키기 때문에 섹스를 하는 것이 아니라는 주장에 근접한다. 흥분은 섹스의 동기가 아니라 섹스의 결과이다. 흥분이란 본질적으로, 호색한好色漢이 타인의 몸에 초래하는 동요가 그의 마음속에서 재연再演되는 것이기 때문이다. 공작the Duke의 생각을 요약하는 사드의 재미있는 표현에 따르면,

> 그는 상대가 어떤 부류이든 간에 상대가 겪는 극심한 격동 commotion에 우리 자신의 신경계가 진동의 전율로 화답한다는 것을 알아챘다. 신경의 깊은 곳에 흐르는 동물적 기운을 자극하는 이 진동vibration의 효과로 그 동물적 기운이 발기근 신경에 압력을 가하게 되고 이 동요와 발맞추어 음감淫感, lubricious sensation이라 불리는 것을 생산하게 된다.[8]

여기에서 누락된 연결고리는 어떻게 타인의 "격동"이 호색한

의 "진동"으로 바뀌는가이다. 하지만 후자는, 동요하며 전자를 지각하는 상태일 뿐이다. 성적 흥분의 가시적 신호를 만들어 내는 "진동"은 다름 아닌 타인의 격동이라는 광경이다. 성적 흥분은 느껴지기 이전에 재현되어야 한다. 아니, 더 정확히 말해서 성적 흥분은 (자아와-옮긴이) 분리된 격동의 재현이다. 우리는 이런 관점에서 본 섹슈얼리티의 논리적인 결과가 어떻게 사디즘이 되는지 알 수 있다. 만약 에로스적 자극이 타인의 격동에 대한 지각 혹은 환상에 의존한다면, 타인을 최고의 격동 상태에 몰아넣는 것이 합리적이다. 나아가, 애무받는 젖가슴의 논리라 할 수 있는 것이 여기서 작용한다. 프로이트는 가슴을 만지는 손이 유발하는 흥분의 긴장을 없애기보다 증가시키고자하는 여자의 사례를 언급하였는데, 섹슈얼리티에 내재하는 반복의 가속적 리듬이 그 사례에서보다 여기서 훨씬 더 분명하게 예시되고 있다. 사드의 경우, 호색한의 발기를 유발하는 진동은 대상이 당하는 괴로움이 가시적으로 강화되는 것에 정비례하여 증가한다.

사드는 내가 제1장 끝부분에서 제기했던 질문으로 우리를—심지어 광폭하게—다시 이끌어 간다. 우리의 야만적 섹슈얼리티를 적어도 부분적으로나마 소산시킬 수 있는 문명화된 담론의 양태가 있을까? 아니면《세 편의 에세이》에 대한 우리의 고찰을 바탕으로 이 질문을 조금 더 구체화할 수 있겠다. 미적인 것이 마조히즘의 성적 긴장을 영속화하고 또 그것을 복제하면서 상술한다고 이해하는 것은 어떻게 가능한가? 이 질문에 대한 완곡한 답변으로 나는 예술에서 의식을 반反서사적으로 에로스화하는 몇 가지 모델(말라르메, 사드, 헨리 제임스Henry James, 사드를 재정리한 파솔리니Pasolini의 〈살로Salò〉, 그리고 신아시리아 제국 neo-Assyrian의 예술)을─대체로 간략하게, 그리고 불연속적인 방식으로─제시할 것이다.

우선 레오나르도 다빈치에 관한 글*에서 프로이트가 무한하고 유동적인 시각적 관심이라고 묘사했던 유명한 사례로 논의를 시작해 보자. 레오나르도의 "문제"**─그의 불안정함, 작품을 반쯤 만든 채 내버려 두곤 했던 경향, 상상했던 많은 기획의 실행 실패─는, 프로이트에 따르면, 유년 시절 아버지가 부재했던 결과이다. 유아기의 성적 호기심을 제어해 줄 사람이 없었던 것이다. 그 호기심은 나중에 레오나르도의 과학적 호기심으로 승화되었을 때에조차, 어린아이의 질문이 갖곤 하는 충동적,

---

* 이 글은 〈레오나르도 다빈치의 유년의 기억Leonardo da Vinci and a Memory of His Childhood〉(1910)이다.

** 학술적인 글에서 인물을 칭할 때는 이름이 아닌 성을 사용하는 것이 널리 합의된 관행이기에, 프로이트를 비롯하여 프로이트 영역본 전집 표준판에 소개글을 쓴 편집자 제임스 스트레이치, 버사니가 모두 "레오나르도 다빈치"를 "레오나르도"로 칭하는 것이 의아할 수 있다. 출신지를 일컫는 말 "다 빈치"를 그의 아버지가 원래의 성 세르 피에로에 덧붙이기는 하였으나, "레오나르도"라고 칭하는 것이 일반적이다. 굳이 이름을 다 쓰자면 그 이름은 레오나르도 디 세르 피에로 다빈치Leonardo di ser Piero da Vinci이다.

반복적, 미결정적 특성을 유지한다. 하지만 질문을 한다는 것은 무엇을 의미하는가? 아이의 성적 호기심은 욕망의 한 가지 형식이고, 이는 레오나르도의 경우 어머니로부터 받은 입맞춤 때문에, 프로이트가 눈에 띄게 지적하듯, "성적 조숙에 이르게" 되었다는 징표가 그의 연구활동에 새겨져 있음을 의미한다(11:131). 프로이트에 따르면 "어머니의 애정이 레오나르도의 운명을 결정"했고(11:65), 그 운명의 특징은 레오나르도의 사고가 굉장한 불확정성과 유동성을 지니게 되었다는 사실이었다. 아이에 대한 어머니의 "과도한" 사랑이 아이를 섹슈얼리티에 눈뜨게 하는데, 분명히 그것이 의미하는 바는 어머니가 아이를 유혹하여 존재론적으로 트라우마를 유발하는 환상을 갖게 만든다는 것이다. 예를 들어 레오나르도는 아이에 대한 어머니의 소유를 모방함으로써 어머니를 소유하고자 한다. 프로이트에 의하면 그의 동성애는 너무 일찍 강렬해진 이성애의 위장된 표현이다. 그는 어머니의 위치에 이입하여 어머니가 그를 사랑했듯이 소년들을 사랑함으로써 어머니의 사랑을 계속 누릴 수 있는 것이다. 레오나르도의 독수리 환상vulture-fantasy은[9] 프로이트의 텍스트에서 다빈치에 "관한 진실"을 드러내는 것으로서 중요하다기보다 트라우마적 섹슈얼리티의 위치가 계속적으로 변화한다는 사실의 예시로서 더 중요하다.*** 이 환상에서 레오나르도는 젖을 빨

*** 저자 버사니가 위 미주 9에서 언급했던, "프로이트가 사용했던 독일어 번

고 있는 동시에 젖을 물리고 있다. 그가 어머니의 키스를 받는 동시에 어머니의 젖을 물고 있는 것이다. 독수리/어머니가 그의 입속에 밀어 넣는 것은 레오나르도 자신의 음경이다.* 그리고 새는 사랑을 주는 불가사의한 어머니인 동시에, 하늘을 날면서,

---

역본에 오역이 있었다는 사실"에 대해 조금 더 자세히 설명할 필요가 있겠다. 표준판의 편집자 제임스 스트레이치에 따르면, 레오나르도의 노트에 등장하는 단어는 "nibio(현대어 nibbio)"이고, 프로이트가 참조했던 레오나르도 관련 서적의 독일어 번역본에는 '솔개'를 뜻하는 이탈리어 'nibbio'가 '독수리'를 뜻하는 'Geier'로 번역되어 있었다고 한다(11:61). 프로이트의 영역본이나 버사니의 글에는 프로이트가 사용했던 단어 'Geier'가 그대로 'vulture(독수리)'로 되어 있다. 또 다른 오류는 버사니가 미주 9에서도 언급하는 전치사 'dentro'의 누락이었는데, 이는 나중에 프로이트 자신이 수정하여 새가 "입안에서 꼬리로 이리저리 친다"는 묘사로 정정하였다(11:86). 스트레이치가 지적하듯이, 독수리 관련 오역은 "이집트어 '어머니 mut'를 뜻하는 상형문자가 솔개가 아니라 독수리를 표상한다"는 점에서 독자를 난처하게 한다(11:61-62). 레오나르도가 기록하는 '솔개'는 빈치 지방에 많던 새의 일종으로 매 종류에 속하지만 독수리와는 전혀 다르고, 프로이트가 이집트 상형문자 및 이집트 신화 등을 환기하며 '독수리'와 연관 짓는 모성과는 상관이 없기 때문이다.

* 프로이트는 다른 여러 나라 말과 마찬가지로 이탈리아어에서도 "꼬리"가 남성의 생식기를 가리키는 "가장 친숙한 상징이며 대체 표현"이라고 말한다(11:85). 그래서 프로이트는 이 환상 속의 새가 "독수리/어머니"이자 "독수리/아이"이며, 그것이 "사생아" 레오나르도가 "아버지 없이" 지냈던 유아기 몇 년 간의 모자관계를 단적으로 표상하는 역학이라고 본다(11:90-91). 동시에 프로이트는 아이의 입(안)에서 움직이는 솔개 꼬리에 대한 레오나르도의 환상이 이렇게도 번역될 수 있다고 주장한다. "나의 어머니가 내 입에 수없이 열정적인 입맞춤을 퍼부었다"(11:107).

성적 만족을 바라는 욕망의 성적인 만족을 경험하는 아이인 것이다. 이러한 자아파열적 환상 속에서, 레오나르도는 자신이 파열되는 방식과 수단의 실험적 재현을 언제나 다시 기꺼이 시작하려는 태세로 존재할 따름이다.[**]

그럼으로써 프로이트는 이러한 유동성을 종식시키는 것이 곧 섹슈얼리티를 종식시키는 것이라는 입장을 향해 가는 것처럼 보인다. 그러나 프로이트 자신이 입장의 변동이라는 논점에 관해서 계속 입장을 변경하고 있다. 유아기에 이루어지는 탐구의 특성은 해로운 동시에 유익한 것으로 그려진다. 그것은 레오나르도가 수많은 기획을 실행에 옮기지 못했던 이유이기도 하고 그의 그림에 의미심장하게 규정불가능한 여러 형상이 등장하는

[**] 프로이트의 레오나르도 논의에서 제임스 스트레이치나 버사니가 인지하는 오역/오해가 어떤 의미를 지니는지는 단언하기 어렵다. 제임스 스트레이치는, "맹금이 요람에 내려앉는 환상에 대한 레오나르도의 기억"에 대한 다빈치 자신의 노트에서 그가 "새를 '솔개nibio' ⋯ 라고 호명했다"고 기술한다(11:61). 스트레이치는 이런 오역이나 오해 때문에 프로이트의 다빈치 논고가 무의미하다는 결론에 성급히 다다르지 않기를 당부하며, "요람에 있는 자신에게 내려와 꼬리를 그의 입에 넣는 새에 대한 레오나르도의 환상은 그 새가 독수리가 아닐지라도 여전히 설명을 요한다"고 첨언한다(11:62). 프로이트 자신도 이 존재가 "반드시 독수리여야 하는 것은 아니라고" 각주에서 기꺼이 인정한다(11:82, 각주2). 반면, 버사니는 하늘을 나는 행위를 표상하는 존재, 그리고 그 존재와의 신체적 접촉 및 동일시를 바탕으로 섹슈얼리티의 유동성이라는 측면에서 이 환상을 해석하고 있기에, 어쩌면 솔개와 독수리의 혼동을 초래하는 오역에 크게 영향을 받지 않는다고도 볼 수 있다.

이유이기도 하다. 프로이트가 자신의 연구에서 결론을 내리지 못한다는 사실은 다빈치에 관한 논고에서 그가 아버지에게 특히 불확정적인 역할을 부여한다는 점에서 더욱 가시화된다. 프로이트는 다음 입장들을 모두 제시하면서도 그 상이한 입장들을 조율하려는 시도는 전혀 하지 않는다. 아버지를 모방하는 것이 남성적인 창조성을 촉진하지만 또한 레오나르도를 자신의 예술에 무관심하게 만든다(이 무관심을 프로이트는 아들에 대한 아버지의 무관심의 반복으로 본다).* 아버지에 대한 저항은 레오나르도의 과학적 작업에서 생산적인 독립성을 촉진한다(하지만 이 독립성이 왜 예술에 필요하거나 생산적이지 않은지, 다빈치의 탐구의 독립성과 그 탐구가 지니는 미완의 특성 사이에 어떤 관계가 있는지는 전혀 분명하지 않다). 레오나르도에게는 어머니의 유혹을 받던 시기로의 퇴행이 최고의 예술을 위한 영감의 원천이지만, 결국 어머니의 사랑으로 흥분을 유지했던 그의 호기심을 아버지가 제어하지 못했다는 사실이 레오나르도로 하여금 예술을 버리고 자연이라는 "모성적 몸"에 대한 미완의 탐구를 수없이

---

* 프로이트는 레오나르도에게 "아버지를 모방하면서 능가하려는 강박"이 있었을 것이라고 주장하면서 이렇게 쓴다. "그의 아버지는 가난한 농촌 처녀에게는 대단한 양반이었으며, 그래서 아들 역시 대단한 양반 노릇을 하려는 충동, 즉 '헤로드보다 더 헤로드같이 굴려는' 충동을 느꼈다"(11:121). 아버지와의 이런 동일시가 예술가로서 자기 작품들에 대해 일종의 "아버지처럼 느끼는" 레오나르도의 태도에 영향을 미쳤으리라고 보는 것이다.

하도록 만드는 부정적 효과를 낳았다.

레오나르도에 대한 프로이트의 글에서 보이는 이론의 난기류는 어쩌면 프로이트의 트라우마적 (모성적) 섹슈얼리티 모델이 지니는 함의에 그가 스스로 저항한다는 사실에서 그 원인을 추적해볼 수 있다. 유아를 성적 조숙함 속으로 밀어넣는 키스의 트라우마는 환상과 연관된 에너지를 생산하고, 이 에너지는 프로이트가 제안하듯이 엄청나게 생산적인 재현의 유희를 수반한다. 레오나르도의 경우에, 파열을 초래하며 "과도하게" 사랑을 주는 이 불가사의한 어머니와의 집요한 동일시는 그에게 수많은 과학적 탐구를 계속하게 했을 뿐 아니라, 존재의 (특히 성적 정체성의) 곤혹스럽고 강렬한 결정불가능성을 드러내는 형상들을 그리게 만들었다. 어머니로 인해 생겨나는 섹슈얼리티의 트라우마적 모델은, 문화적 상징화가 성적 환상의 억압적 대체물이 아니라 성적 환상의 계속적 과정이라고 보는 관점으로 프로이트를 이끌었다. 달리 말해서 그 모델은, 승화가 섹슈얼리티와 중첩되는 것이며 성적 충동을 포기하는 특정한 형식이 아니라 성적 충동을 전유하고 상세화하는 방식이라는 견해에 발생론적 근거를 제공해 준다.

라플랑슈는 레오나르도에 관한 글에서 프로이트가 승화에 대해 다음과 같은 놀라운 사족을 붙인 데 주목하였다. 즉 "성욕의 한 가지 구성 본능"이 유아기의 성적 자원을 말소하는 "세찬 성적 억압의 물결"에서 벗어나서 "애초부터" 지적 호기심으로 변형된다는 설명이다.[10] 이 리비도적 에너지가 더 이상 "유아기 성적 탐구라는 애초의 콤플렉스"에 밀착되어 있지 않다고 프로이트는 주장한다. 지적 관심을 위해 이제 리비도적 에너지가 작동하는데 그에 힘입은 지적 관심이 애초의 콤플렉스를 대체하는 형성물이 아니라는 의미이다(11:80). 이런 형태의 승화에서 섹슈얼리티는 그러므로 사고의 조건을 규정하지 않으면서 사고의 에너지를 제공한다. 이를 달리 말하자면 특정 대상을 지시하지 않는, 즉 비지시적nonreferential으로 성애화된 사고인 것이다. 이것은 무슨 뜻인가? 예를 들어 지금까지 예술에 대한 정신분석적 비평은 (프로이트의 비평을 포함하여) 성적으로 뭔가를 지시하는 표현―즉 근본적으로 징후적인 표현―을 매우 노련하게 집어내곤 했다. 이제 우리가 주목해 보면 좋을 것은, 의식에 투자된 리비도가―프로이트 자신의 텍스트 안에서 가시화되는 것을 확인했듯이―일종의 반복되는 유동성으로 가시화되고, 사고의 진술을 무력화하거나 무효화하는 움직임, 사고를 정지시키는 움직임으로 가시화되는 문화적 담론의 계기들 또는 양태들이다 (그런 계기들과 양태들을 우리는 일반적으로 "미적인" 것의 기호라고 칭했던 것 같다).

이 점에 대해서는 다시 논의하게 될 것이다. 일단 지금 주목해야 할 것은, 프로이트가 레오나르도에 관한 연구에서 성적, 존재론적 유동성의 심리적, 사회적 결과를 기술하면서도 그것을 받아들이기를 명백히 주저하였고, 그 결과 모성적 사랑의 트라우마와 레오나르도의 성적, 예술적, 학문적 삶에 대한 아버지 중심적 설명 사이에서 좀 일관되지 않게 오락가락한다는 사실이다. 다빈치(레오나르도) 논문이 주장하는 아버지의 역할을 보면, 프로이트의 연구에서 오이디푸스적 아버지는 어머니를 향한 욕망을 억압할 뿐 아니라 어떤 점에서는 섹슈얼리티 자체를 억압하는 환상 속 행위자라는 결론에 이르게 된다. 남자아이의 오이디푸스적 환상에서 아버지의 팔루스phallus는 단지 어머니와 아이 사이에 위치함으로써 그 둘의 성적 결합을 차단하는 것이 아니다. 더 심오한 차원에서 아버지의 팔루스는 우선 아이가 어머니라는 존재에 대한 탐구를 마무리할 수 있게 하며(가령, 이제 아이는 아버지가 어머니를 거세했음을 "안다"), 매우 중요한 점은 아버지의 팔루스가 어머니와 아이의 정체성을 분리된 상태로 유지하고 그럼으로써 애초에 어머니의 트라우마적 사랑으로 촉발된, 근본적으로 유동적인 섹슈얼리티를 묶어 두거나 종식시킨다는 것이다.

오이디푸스 삼각구도는 재현을 비유동적인 것으로 고정시킨다. 섹슈얼리티가 마조히즘으로 구성된다면, 환상으로 이루어진 구조를 고정시키는 것은 폭력적 결말로 이어질 수밖에 없다. 즉 억압적이고 과도하고 불안정, 흥분을 초래하는 재현은 제거해야 한다. 섹슈얼리티의 기원이 마조히즘이라는 것은, 성적인 쾌를 논리적 극단으로 끌고 가면 바로 그것의 폭발적 종말에 이른다는 의미이다. 마조히즘은 죽음으로써 해소되는 동시에 충족된다. 재현의 유희를 멈추는 것은 어쩌면 단순한 자기 소멸이 가져오는 최절정의 쾌와 자살적인 쾌로 환상을 몰아넣을 것이다. 오이디푸스 구조의 폭력성은 그저 아이와 아버지의 상상적 라이벌 관계의 폭력성에만 있지 않다. 오이디푸스적 아버지는 환상의 유동성을 억제함으로써 자기 파괴적 섹슈얼리티, 개인과 문명 모두를 위협하는 파생적 마조히즘을 부추기는 것이다.

프로이트는 승화와 억압을 딱 잘라 구분하는 데서 어려움을 겪은 것으로 보인다. 하지만 레오나르도에 관한 글이 제시하는 승화에서 보면, 문화가 만들어 낸 형식은 성적 환상이 생산적으로 오인되어 복제된 결과이며 환상으로 인한 충격이 확산된 결과이다. 그러므로 우리는 아버지(같은 존재)가 더 이상 법을 제어하는 역할을 하지 않고 대신에 어머니의 젖가슴에서 애초에 경험했던 트라우마적 사랑을 사회화할 기회를 제공하게 되는 식으로 정신분석 이론을 재정비하는 것을 기대해 볼 수도 있다. 그렇게 되면 아버지는 그런 사랑의 부정이 아니라 그런 사랑을 복제하고 일반화하는 존재로 기능할 것이다. 우리 문화의 심리적 신화 속 아버지를 이처럼 탈오이디푸스화하는 작업은 또한 지배적 사회구조로서의 편집증을 제거하는 중요한 한 걸음이 될 수 있다. 예를 들어 문학에서 스탕달Stendhal의 소설은 본질적으로 편집증적인 오이디푸스적 섹슈얼리티의 속성을 확증하는 것으로 읽을 수도 있겠지만, 놀랍게도 스탕달의 살롱이라는 환경에서 어머니의 사랑을 다정하고도 아이러니하게 보편화하는 행위자로서 아버지를 재창조하는 시도로도 읽을 수도 있다.

　그렇지만 나는 스탕달이 아니라 레오나르도에 관한 글과 좀 더 가까운 문학적 예시로 이야기를 마무리하려 한다. 프로이트의 저작처럼 미학적 승화와 완결되지 않은 탐구 간의 관계를 다룬다는 점에서 더 관련이 있는 작품이 있다. 바로 말라르메의 〈목신의 오후L'Après-midi d'un faune〉인데, 이 작품에서 님프들이 정말 있었는지에 대해 목신이 반신반의하는 것은 그의 창의성을 제약하기는커녕 에로스적이고 심미적인 힘을 강화하는 조건이 된다. 예술적 승화에 대한 묘사라고 지칭되었던 구절 하나를 살펴보자. 다음의 시구가 흥미로운 이유는, 승화란 욕망 초월이 아니라 일종의 욕망 연장으로서 의식의 생산적 물러남이라는 형식을 띠는 것임을 시사하기 때문이라고 생각한다.

> 그러나 됐다, 그런 비밀이 속을 터놓기로 한 상대는
> 너른 품의 쌍 갈대, 푸른 하늘 아래 갈대 피리를 분다.
> 갈대는 뺨의 당혹감을 제 자신에게 향하게 하여,
> 긴 독주로 꿈을 꾼다, 우리가
> 주변의 아름다움과 우리 순박한 노래를 엉뚱하게 혼동하여
> 그 아름다움을 달래는 꿈을.
> 또 내 눈 감고도 그려보던 그 순한 옆구리나
> 허리의 평범한 몽상으로부터

낭랑하며 홀리듯 단조로운 선율이

변주되는 사랑만큼 높이 사라지게 만드는 꿈을.[*]

목신의 갈대는 그의 관능에서 벗어나면서도 그것을 복제하고, 보충하며, 조율한다. 그렇지만 그가 음악적으로 꿈꾸는 "긴 독주 long solo"는, 님프의 등이나 허벅지에 대한 그의 관능적 환상이 심미적으로 정제된 결과물이라고 읽을 수 있는 허구적인 음악적 "선율"이 아니다. 그의 독주는 그러한 정제를 가능하게 만들기를 꿈꾼다. 달리 말하자면 목신의 예술은 몸의 선을 음악의 선으로 변형하여 복제하는 것이 아니라, 바로 그러한 미적 전환이 일어날 것을 예측하는 의식 속에서 그것을 유예하고 지연시키는 것이다. 그러므로 예술을 감각적 충동의 상징적 등가물 혹은 가장假裝으로 취급할 가능성은 그 "상징화를 수행하는" 의식 자체의 동요로 인해서 무너진다. 더 정확하게 말하자면, 목신이 묘사하는 승화를 수행하는 의식은 가속적 보충 accelerating supple-mentarity 의 원칙이라 할 수 있는 원칙 위에서 작용한다. 이 가속 작용의 결과로 상징적 등치는 사고의 보충적 움직임 속의 한 단계에 불과하게 된다. 목신이 심오하게 시사하는 사실은, 그의 음

[*] 〈목신의 오후〉는 말라르메의 프랑스어 원시와 버사니가 자신의 글에 포함한 버사니 자신의 영역을 참조하여 역자가 번역하였다. 〈목신의 오후〉를 비롯한 말라르메의 다른 시의 우리말 번역본에 관심이 있는 독자에게는 황현산이 번역한《시집》을 권한다.

악 속에 반영된 에로스적 환상이 그의 예술의 실제적 의미가 아니라 그의 예술을 유동적으로 만드는 기획이라는 점이다. 그러한 반영은 그의 예술의 목적일 수도 있지만, 그의 예술이 수행되는 것은 바로 그 목적의 유예에 달려 있다. 즉 언급되긴 했으나 연주되지 않은, 무겁게 의미심장한 마지막 부분의 "선율"으로부터, 그 선율과 "꿈" 사이의 공간으로의 의미의 미끄러짐이 관건인 것이다. 꿈은 사실 의미를 기각하듯 예견하면서 이미 어떤 확정된 의미에서도 물러나 버린 상태다.

목신은 긴 독주를 통해, 자신이 그저 꿈을 욕망했었는지 불확실하던 상태로부터 이행하여, 꿈과 자연에 대한 그의 혼동에 자연이 매혹되는 꿈을 꾸는 상태가 된다. 그가 회상하는 "느린 전주"가 진행되는 동안, 그는 "저 날아가는 백조의 떼들, 아니다! 수정水精의 떼들"을 목격했다. 하지만 물의 요정naides에 대한 기억이 있어도 정말 그들을 보았는지는 의문이다. 그럼에도, 그들이 실재했는지에 대한 의심은 그들을 그려 내고자 하는 소망이고, 그들을 그려 낸다는 것은 그의 욕망으로의 회귀이며, 그의 욕망의 대상과 실제로 존재했을 수도 있는 대상을 또다시 혼동하는 일이다. 목신을 그의 음악의 시작점으로 돌려보내는 듯 보이면서도 사실은 그를 덫에 걸린 리얼리즘에서 탈피시켜 행복한 유동적 아이러니의 예술로 이동시키는 이 유사-원형구도 안에서, 목신은 그의 예술에 자신이 유혹당했다는 사실을 "다시 쓰기revise"하는데, 꿈을 쉽게 믿는 그의 노래 속의 혼동에 자연이 현혹되었음을 그 예술 속에 포함시킴으로써 그러한 '다시 쓰기'가 이루어진다. 어떤 의미에서 그 현혹은 목신이 아이러니하게 자신의 순진함으로부터 벗어난다는 의미이다. 그것은 님프들을 향한 목신의 성적 공격에 대한 이후의 설명 속 숨은 의구심, 그 공격이 환영에 불과하다는 인식으로서, 잠재적 파괴력을 갖는 것이다. 그렇지만 파괴되는 것은 아무것도 없다. 목신이 "기억"하는 에로스적 폭력은 목신이 어디에 있으며 또 누구인지 우리가 확신하지 못한다는 사실로 인해 어느 정도 완화된다. 그는 폭력을 저지르는 자이지만, 또한 그 폭력의 비어 있음에 매혹된 자연이기도 하다. 〈목신의 오후〉의 아이러니는 부식을 초래하는 것이기보다는 뭔가를 덧붙이는 것이다. 그것은 목신을 님프들로부터 떼어놓는 동시에 그들에게로 다시 돌려보내고, 목신의 욕망을 훼손하기는커녕 욕망의 대상을 생산적으로 파악 불가능하게 만든다.

〈목신의 오후〉가 수행하는 승화는 말라르메가 아이러니를 사용하는 한 가지 양태이다. 말라르메는 우리에게, 욕망을 부인하는 기제로 승화를 보지 말고 욕망이 욕망의 재현을 증식하고 다양화하는 자기반성적 행위로 보도록 고무한다. 물론 욕망하는 충동의 어떤 순수화純粹化가 있긴 하지만, 여기서 순수화는 반드시 탈성애적인 것이 아닌 추상화 과정으로 이해되어야 한다. 목신의 성적 야수성은 그 야수성에 대한 설명에 내재하는 의심으로 인해 조율된다. 그의 공격에 대한 낭송이 분석적, 비판적이기 때문에 그 공격 역시 향유되는 동시에 부정된다. "육체의 은밀한 공포를 내 입술은 마시니", "불붙은 내 입술을 피하여" "한 줄기 번개가 전율"하듯이 님프들이 그의 품에서 벗어나려 한다는 것을 읽으면서, 우리는—부적절하지만 또 적절하게—승화의 어원적 의미를 되새길 수 있다. 승화란 열에 의해 고체가 기체가 되는 현상이다. 목신 입술의 떨리는 불꽃이 님프들 몸의 정지된 통일성을 폭발시킨다. 하지만 목신 자신은 말라르메 시의 아이러니가 지니는 열정에 쪼개지고 집어삼켜진다. 실제로 발생한 적이 전혀 없었을 수도 있는 장면들을 군이 재창조하여, 목신은 이미 타 없어진 자아를 나르시시즘적으로 어루만진다. 욕망은 목신을 정화하여 그의 정체성을 제거한다. 승화를 수행하는 시인의 발화가 글 쓰는 이를 그 자신으로부터 분리하고 작품의 풍성한 아이러니 속에서 그의 존재라는 무거운 주제를 소산시키듯이, 욕망은 인간의 "은밀한 공포"를 "마신다." 목신을 창조한 시인에게 걸맞은 세련됨으로, 불붙은 혀가 유발하는 공포의 기억, 잘못된 것이 틀림없는 그 기억들 속에서 말라르메의 목신은 우리에게 예술의 냉정함을 아이러니컬하게 보여 준다.

제3장

반복의 쾌

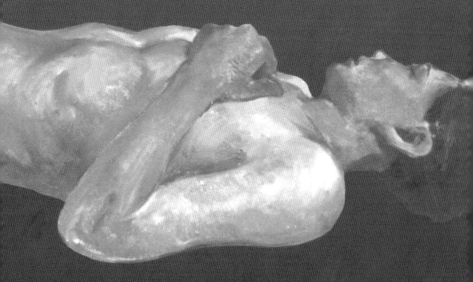

우선, 광증의 장Circle of Mania, 똥의 장Circle of Shit, 피의 장Circle of Blood으로 내려가 보자.[*] 우리는《소돔의 120일》을 영화로 바꾼 파솔리니의 〈살로: 소돔의 120일〉에서―기괴하게도, 뜻밖에도―우리의 야만적 섹슈얼리티를 복제하는 동시에 소산시키는 문명화된 담론의 또 다른 모델을 볼 수 있을 터이니 말이

---

* 단테Dante Alighieri의《신곡Divine Comedy》〈지옥편Inferno〉에서 지옥은 림보(세례받지 않은 자들과 선한 이교도들이 머무는 곳)를 포함하여, 색욕, 식탐, 탐욕, 분노, 이단, 폭력, 사기, 반역을 의미하는 9개의 동심원으로 구성되어 있다. 각각의 원은 그에 해당하는 죄를 지은 사람들을 가두고 형벌을 가하는 지옥이다. 파솔리니의 영화 〈살로: 소돔의 120일〉은 단테의 〈지옥편〉을 전유하는 네 개의 장, 즉 "지옥의 문Anteinferno", "광증의 장", "똥의 장", "피의 장"으로 구성되어 있다.

다. 나는 앞에서, 프로이트가 섹슈얼리티라 부르는 자아파열의 쾌를 사드가 서사화한다고 했었다. 사드는 일회성 폭력이 아니라 내재적, 구조적 폭력을 품고 있는 그 쾌락을 예술이 서사 속에서 복제하는 경향을 예시하는 인물이다. 에로틱한 문학 대부분과 마찬가지로《소돔의 120일》은 비교적 온건한 성적 일화들로 시작하여 에로스적 폭력이 난무하는 난교에 이르게 된다. 그러나 사드는 묘사된 내용을 인물들이 그런 순서대로 경험하지는 않는다고 지적한다. 예를 들어, 어느 특정한 날에 사드의 주인공들이 하는 행위들은 나중에야 기록의 일부로 서사화된다. 다시 말해서, 사드의 책에서 하루하루가 진행되는 과정은 (이 소설에서) 실제 인물이라고 일컬어지는 등장인물들의 체험에 의거한 "실제" 연대기적 시간을 따르지 않는다. 도리어 작품은 특정한 부류의 서사적 전개, 그 자체로서 에로스적으로 자극적인 서사의 전개를 이끌어 내려는 목적으로 직조되어 있다. 사실상, 용의주도하게 구성된 마담 뒤클로Mme Duclos 와 동료들의 이야기는 호색한에게 최음적 효과를 갖는다. 이 책의 목적은 말하자면 그 나름의 서사를 창조하는 것이다. 사드의 서사는 구강성교, 채찍질, 호분증好糞症, coprophagia의 "실제적" 동시다발성을 재연하지는 않지만, 어느 한날 발생할 수 있는 성적 모험의 내용보다 더욱 심오하게 사드적인 섹스의 속도조절papcing 을 재연한다. 이 속도조절은 폭발적 클라이맥스를 향해 가는 계산된 움직임이라고 규정할 수 있다. 그것은 섹슈얼리티의 마조히즘적 기원에 가장 부합하는 서사적 리듬이다. 섹슈얼리티가 마조히즘으로 구성되었다면, 그 논리적 극단은 섹슈얼리티의 폭발적 종말이다. 마조히즘은 죽음으로써 해소되는 동시에 충족된다.

그렇지만 프로이트의 〈레오나르도〉와 말라르메의 〈목신의 오후〉에서 우리는 이미 다른 양태의 미적 전유를 살펴본 바 있다. 프로이트가 레오나르도에 관한 논고에서 아주 개괄적으로 제시한 승화 이론에 따르면, 여러 형태의 문화적 작업이 내가 비지시적이라고 칭했던 방식으로 리비도적 에너지를 사용할 수 있다. 섹슈얼리티의 자아파열적 기원을 마조히즘적 서사로써 글자 그대로 표현하는 (사드 식의 해법) 대신에, 예를 들면, 레오나르도의 그림 속의 어떤 양성兩性적 형상은 어머니의 "과도한" 사랑으로 촉발된 환상의 충격에서 나오는 유동성을 재생산한다. 또 말라르메의 시에서, 목신은 님프들을 대상으로 하는 자신의 성적 무훈武勳의 불확실한 기억에 대한 아이러니를 에로스화함으로써, 님프들의 존재를 확증하지 못하는 그의 불능을 송축한다. 또 다른 프로이트적 텍스트인 파솔리니와 일부 고대 조각상들을 살펴보면 서사와 반복 사이의 긴장에 더 가까이 다가가는 데에 도움이 될 것이다. 에로스화된 텍스트의 유동적 반복은 어떻게 서사의 논리—섹슈얼리티를 길들이는 동시에 섹슈얼리티의 폭력성을 실체화하는 논리—에 저항하거나 그 논리를 전복하는가?

파솔리니는 사드의 기획에 거의 가감 없이 공모하는 것처럼 보임으로써 사드를 탈서사화한다.[1] 《소돔의 120일》을 영화로 만들면서 변경을 가하긴 했지만(특히, 제2차 세계대전이 끝날 무렵 이탈리아 북부의 파시스트 점령지로 이야기의 배경을 옮겼다), 파솔리니는 놀라울 정도로 사드의 원본에 충실하다. 그는 거의 성공적으로 사디즘적 폭력성을 흥미로운 볼거리로 만들며(이 영화는 곁가지로 막간여흥처럼 그림, 음악, 춤으로 소규모의 예술적 향연을 제공한다), 그런 가운데서 그가 재현하는 파시스트 호색한들과의 대단한 공조를 수락한 듯 보인다. 그러나 파솔리니는 사드적 주인공들과 **함께 나아감으로써** 그들과 거리를 두고 있다. 사드로부터 브레히트적 거리두기는 가능하지 않다.[*] 〈살로〉가 원본 텍스트와 갖는 관계는 전복적 수동성의 관계이다.

파솔리니는 자신과 분리하고자 하는 바로 그 대상을 복제하고 있다. 영화에 등장하는 몇몇 기묘한 반복의 장면이 그의 영화가 지닌 복제의 의도를 가리킨다. 〈살로〉는 스스로 사용하는 장치 자체와 모사적 유착관계에 있음을 드러낸다. 예를 들어 마

---

[*]   브레히트Bertolt Brecht(1898-1956)는 독일의 극작가이다. 브레히트가 강조했던 "거리두기 (효과)Verfremdungseffekt"는 러시아 형식주의, 특히 빅토 시클롭스키Viktor Shklovsky가 예술의 본질이라 주장했던 "낯설게 하기 defamiliarization" 기법에 기원을 둔다. 브레히트는 관객이 서사와 인물의 내면에 몰입하기보다 감정적 거리를 두고 무대 위의 사건과 인물을 객관적, 비판적 시선으로 바라봄으로써 지적인 이해에 도달하는 것을 고무하는 기법으로 "거리두기"를 개념화하였다.

지막에 두 소년이 춤을 추는 동안 나오는 음악은 처음에 제목이 나올 때의 음악과 같다. 또한, 매기 양Signora Maggi이 이야기를 시작하기 위해 아래층으로 내려가기 전에 옷을 입는 방의 탁자 거울 속에는 스타킹을 매만지는 여성의 작은 조각상이 비친다. 더구나 여기서 묘사된 장면은 매기 양이 스타킹을 매만지기 위해서 화장대 근처에 멈추어 설 때 반복된다. 마지막으로, 창문에서 마당으로 뛰어내리는 피아니스트의 자살은, 방에서 강제로 떠밀려 창문 너머 지하 고문실로 떨어지는 소녀들에 대한 카스텔리 양Signora Castelli의 이야기를 "예시"한다. 더 정확히 말해서, 피아니스트의 추락은 우리에게 카스텔리 양의 이야기를 생각하게 하지만, 그 둘은 말하자면 완벽한 대칭은 아니다. 전자는 후자를 환기하지만 둘 사이에는 불편한 차이가 있다. 사시斜視인 대통령이 대칭에서 어긋나는 얼굴, 즉 희극적으로 배치된 눈으로써 인간 얼굴의 대칭성을 상기하게 만드는 것과 얼마간 같은 방식이다.

파솔리니는 현기증을 일으킬 정도의 수동성(열심히 그저 **기록**만 하는 경향)을 영화가 잠재적으로 가지고 있다는 사실을 최대한 활용하고, 작품을 온갖 종류의 순응적 복제와 온건한 대칭성에 내맡김으로써 일종의 비非모방적 인식을 창조해 낸다. 그 비모사적 인식이 바로 사드와 사디즘적 폭력으로부터 그가 두는 거리이다. 그렇지만 우리가 인지하는 것은 구경꾼으로서 수동적으로 따라가는 쾌락일 뿐이다. 마치 〈살로〉의 사디스트들을

수월히 "그냥 따라가는" 과정이 인지認知를 수축시키는 움직임
―그 수월함을 우리가 그저 인식하고 있다는 사실 자체인 수축
―까지 포함하는 듯하다. 그러므로 파솔리니가 주제와 유지하
는 거리는 바로 그 주제에 대한 과잉 탐닉에 있는 것이다. 그가
어떤 이미지와 스타일에서 멀어지는 것은 그것들을 "비판" 또는
"반박"해서가 아니라 그것들의 복제를 통해서다. 예술이 스스로
의 예술적 과정을 인정하는 결정적이고 어쩌면 불가항력적이며
거의 식별불가능한 작용(우리는 그 단순한 작용을 이론적 자의식
과 혼동해서는 안 된다)은, 서사의 진행을 마비시키고 아이러니한
반복 속에서 무엇이 참조되는지 파악할 수 없게 만들어 버린다.

사드의 호색한들은 모사적 관람의 쾌락에 있어서 전문가들이
기도 하지만, 그들의 행위는 타인을 고문함으로써 추구하는 바
로 그 "전율"을 스스로에게서는 제거하기 위해 고안된 것이다.
사드의 텍스트에서 타인의 "격동"을 전유하는 행위는 흥분을 죽
이는 서사의 대단원을 위한 것이다. 《소돔의 120일》에서 모든
행위의 잣대가 되는 중대한 시금석은 정액의 소실이다. 사드에
있어서 섹스란 본질적으로 정액/오르가즘의 상실, 상실에 이르
기,* 절정에서의 폭발이며, 그것은 사드 서사 질서의 너무나 엄

---

* 버사니는 여기서 사정을 통한 오르가즘을 "정액의 소실the loss of come"이라
고 표현하는데, 영어의 come은 '오르가즘에 이르다'라는 동사로 쓰이기도
하고 사출되는 정액(cum으로도 표기)을 가리키기도 한다. 그렇다면 'loss
of come'은 정액의 소실인 동시에 오르가즘의 상실이기도 하다. 섹스는 그

격한 전개에 국한된 미학의 성공을 확증해 준다. 사드 식의 남근적 마초 체계에서, 아랫도리가 시시한 남자의 시답잖은 오르가즘만큼이나 경멸의 대상이 되는 것은 없다. 사디즘은 심미화된 에로스론이지만, 심미성은 서사적 전개의 통제된 움직임에만 해당된다. 〈살로〉는 심미적 유혹을 증가시키면서, 적절하게도 오르가즘은 등한시하다시피 한다. 파솔리니는 의기양양한 그 사드적 오르가즘/사정을 간단히 저버린 것이다. 파솔리니 덕분에 우리는 사디스트-파시스트인 주인공들보다 더 적극적인 관람자가 되면서도 그들처럼 목적이 있는 관람자는 아니게 된다. 어떤 면에서 이는 우리가 결코 관람자 노릇에 지치지 않는다는 의미이지만, 사디즘에 대한 〈살로〉의 도덕적 관점은 우리 심미주의에 한계가 없다는 것이다. 관람을 계속하는 우리를 구원해 주는 것이기도 한 우리의 경박함은 보는 행위에 대한 어떤 인식을 만들어 낸다. 첫째, 보는 행위는 세상의 폭력에 우리가 불가피하게 연루되어 있음을 의미한다는 인식이다. 둘째는 대상을 가리지 않는 유동성으로서의 보는 행위에 대한 인식이다. 그처럼 대상을 가리지 않고 유동적으로 보는 행위가 이루어지는 덕분에 우리가 세계를 모사적으로 전유하는 일이 언제나 다른 어디에선가 계속될 수 있고, 그래서 세계의 어느 일부를 실컷

런 의미에서 "상실에 이르기coming to a loss"이며, 이 표현은 또 "오르가즘의 결과로 초래되는 상실"로 해석될 수도 있다.

파괴하는 클라이맥스가 필요하지 않게 되는 것이다.

사드와 파솔리니의 관계는 유형이 다른 두 담론 간의 관계로 재정리될 수 있을 것이다. 한편으로는 철학적 주장이 어떤 의미에서 소설적 재현을 통해 트라우마적일 만큼 설득력 있는 장면들로 단순히 반복-현시re-present 된다. 다른 한편으로는, 자기성찰적 담론이 영화의 차원으로 존재하여, 형식상의 인식을 통해서 서사의 폭력성을 반복하는 동시에 굴절시킨다. 철학적 서사 그리고 심미화 작용을 하는 일종의 반복 사이의 이 긴장에 가장 근접하는 프로이트의 논고는 《쾌락원칙을 넘어서》이다. 그 책은, 매우 곤혹스러워진 방식으로, 두 담론 각각의 쾌를 밝혀내기를 꾀한다.

그 책의 대단한 도착성은 제목에 공표되어 있다. 쾌의 원칙을 대체하거나 어떻게든 쾌의 원칙보다 우위를 점하는 본능이 무엇인지를 내세우기는커녕, 프로이트의 이 책은 사실상 쾌의 본성 및 쾌와 섹슈얼리티 사이의 관계에 대해 가장 많은 것을 드러내는 동시에 가장 많은 것을 가리는 연구이다. 우리는 애초부터 그 책이 은밀히 기획하는 바에 주목하라는 완곡한 경고를 받는다. 첫 장은, 정신분석이 쾌의 실체를 실제로 알지 못하기 때문에 우리가 눈먼 상태로 "쾌 원칙 너머"로 나아가 볼 수 있을 뿐이라고 암시하고 있다. 프로이트에 의하면, "이 점"—즉 "쾌와 불쾌의 감정이 의미하는 바"—에 대해서 "우리는 애석하게도 우리 목적에 부합하는 어떤 것도 얻지 못했다. 이것은 정신의 가장 모호하고 접근불가능한 영역이다." 그러므로 그는 쾌락에 대해서 "가장 엄정하지 않은 가설"을 세워 보자고 이어서 말한다. 이 가설―정신적 작용을 "경제"로 보는 관점―에 따르면, 쾌와 불쾌는 "정신에서 나타나는 흥분의 양과" 관련이 있다. "불쾌는 흥분의 양적 증가에 상응하고 쾌는 감소에 상응하는 방식"이다. 이러한 정의가 정신에 대해 전제하는 더 일반적 관점은, "정신적 기제가 그 내부에 있는 흥분의 양을 가능한 한 낮게 유지하거나 또는 최소한 그것을 항상적으로 유지하려고 노력한다"는 것이다. 이는 "쾌원칙을 달리 기술하는 방식에 불과"한 것처럼 보인다. 프로이트는 쾌원칙이 "항상성의 원칙에서 도출된다"고 한다. 항상성의 원칙 자체가 우리가 "쾌원칙을 수용하도록 강제하는 사실들로부터 유추된" 것이라고 첨언하면서도 말이다(18:7-9).

이 책이 이렇게 시작된다는 사실은 불편하지만 중요하다. 어디서 무엇을 가지고 시작해야 좋을지 알 수 없다. 아마도 과학적 책임감 때문이겠지만, 프로이트는 쾌를 긴장 완화와 실제로 동일시하는 것은 조심스럽게 피한다. 하지만 쾌가 정신 속 흥분의 양과 "관련"이 있고 흥분의 감소에 "상응한다"(독일어 동사는 "entsprechen")거나, 유사한 선형적 논리로 "쾌락원칙이 항상성에서 도출"되는 한편 항상성이 쾌락원칙을 도출시키는 사실에서 "유추된다"는 말은 정확성을 보장하는 것과는 거리가 멀다.

여기서 "관련", "상응", "도출", "유추"는 정확히 무슨 의미인가? 《쾌락원칙을 넘어서》의 핵심 개념들은 다른 무언가와의 정의불가능한 일종의 근사성近似性을 통해서 정의되고 있다. 섹슈얼리티는 아직 언급도 되지 않고 있지만, 첫 장에서 두어 페이지 만에 섹슈얼리티가 처음 등장할 때 우리는 교차지시적인 정의의 또 다른 사례를 보게 된다. 성적 본능은 쾌원칙을 "작동 방식"으로 삼는다(18:10). 섹슈얼리티를 알기 위해서는 어쩌면 섹슈얼리티의 작동 양식(즉 쾌원칙)을 참조해야만 하고, 쾌원칙을 알기 위해서는 쾌원칙을 도출시키는 항상성 원칙을 참조해야만 하는 것이다. 그리고 아마도 항상성의 원칙을 알기 위해서는 쾌원칙을 더욱 강력하게 가리키는 사실들(그 사실들이 프로이트로 하여금 쾌원칙을 수용하게 "강제"했으므로)을 참조해야만 할 것이다.

정의불가능한 경험(쾌의 경험)이 정신적 삶에서 압도적으로 중요하다고 역설한 다음, 프로이트는 제1장을 마치기도 전에 벌써 쾌원칙의 지배적 영향력에서 벗어나는 예외를 나열하고 있다. 친숙한 정신분석적 입장이라 여기는 몇 가지 입장을 제1장에서 개괄한 데 이어서, 제2장과 제3장에서 프로이트는 쾌원칙의 지배적 우위에 도전하는 "새로운 자료를 제시하고 신선한 질문들을 제기"한다(18:11). 이 장들에서 프로이트는 그러한 도전을 뒷받침하는 세 가지 증거를 내놓는다. 이 책의 논지가 얼마나 과학적으로 유효한지는 이 증거의 효력과 신뢰가능성에 달려 있지만, 사실 증거는 놀라울 정도로 빈약하다. 부연하자면 바로 이 지점에서, 《쾌락원칙을 넘어서》에 대한 나의 이해는 자크 데리다Jacques Derrida의 이해와 가장 가깝다. 데리다는 〈추론하기 —'프로이트'에 관하여Spéculer — sur 'Freud'〉*에서, 이 장들의 논의가 진전되지 않았다고 역설한다. 논지가 발전되지 못하고 있으며, 쾌원칙에서 벗어난다고 여겨지는 사례들에서도 쾌원칙이 다시 등장한다는 것이다.[2]

프로이트가 논의하는 세 가지 사례에서 문제가 되는 것은 불쾌한 경험을 반복하는 명백한 강박compulsion이다. 그는 우선, 목숨을 위협하는 사고나 전쟁을 경험한 결과, 트라우마로 인한 신경증을 앓게 된 환자들의 꿈을 언급한다. 그런 꿈은 "반복적으로 환자를 그 사고 상황으로 다시 [데려가며], 환자는 또 다른 공포 속에서 그 상황으로부터 깨어난다". 그렇다면 이런 꿈은, 꿈의 기능이 잠자는 사람의 보호 및 소원성취라는 프로이트의 이론을 반박하는 것처럼 보인다. 프로이트는 나중에 이 사례에 상당한 중요성을 부여하지만, 처음에 우리는 도대체 왜 이 사례가 언급되는지 궁금할 수 있다. 트라우마로 인한 신경증에 대한 논의는 두어 페이지에 불과하고, 프로이트는 곧이어 이 "어둡고 음울한 주제"에서 벗어나기로 한다. 그렇지만 그 구절의 마지

---

*   이 글은 데리다의 *The Postcard: from Socrates to Freud and Beyond*, Alan Bass, trans.(University of Chicago Press, 1987)에 수록되어 있다.

막 문장에서 그는 꿈이 소원성취라는 믿음을 버리지 않기 위해서 "에고의 불가사의한 마조히즘적 경향에 대해 숙고해야 할지도 모른다"고 한다(18:13-14). 사실상 그런 숙고야말로 가장 필요한 일일 것이다. 제1장에서 이미 프로이트는 쾌원칙이 "유기체 전체에 해를 끼치면서도 현실원칙reality principle을 물리치"며 이것이 "에고 자체의 내부에서" 벌어지는 일임을 거의 사족처럼 별로 분명치 않게 이야기한 적이 있었다(18:10).** 물론 이를 달리 말하면 에고 속 "마조히즘적 경향"에 대한 논의가 될 것이고, 그렇다면 트라우마로 인한 신경증에서 꿈은 에고가 스스로를 해치려는 것처럼 보이는 상황에서도 쾌원칙이 **지배적 영향력**을 행사한다는, 특히 귀중한 증거로 여겨질 수 있을 것이다.

프로이트의 두 번째 증거—어린아이의 놀이에서 가져온 증거—도 더 만족스럽지는 않다. 이 사례는 프로이트 저작을 통틀어 가장 과잉 해석된 구절 중 하나가 되었고, 이미 지나치게 많은 해석적 문헌이 이 내용을 숨 막히게 둘러싸고 있기에 여기에 한 마디를 덧붙이기조차 망설여진다. 이 놀이는 만 1살 반이 된 남아가 끈이 달린 나무실패를 요람 밖으로 던져서 잠깐 사라지게 했다가 다시 끌어당겨서 보이게 만듦으로써 어머니의 부재

** 이 점에 대한 프로이트의 언술은 이와 같다. "쾌원칙은 … '훈육'하기 너무나 어려운 성적 본능의 작동 방식으로 오랫동안 지속되며, 그러한 본능들로부터 혹은 에고 자체의 내부에서 쾌원칙이 현실원칙을 물리치는 데 성공하는 일이 잦은데 그래서 유기체 전체에게 해가 되기도 한다"(18:10).

와 귀환을 연출한다는 놀이이다. 실패가 사라질 때는 아이가 프로이트와 아이 어머니의 귀에 "없다fort"로 들리는 소리를 내고, 실패가 다시 나타날 때는 아이가 "신이 나서 '있다da'"고 말한다는 것이 프로이트의 설명이다.* 쾌의 원칙을 넘어서는, 혹은 쾌원칙보다 더 원초적이거나 쾌원칙과는 별개인 경향들을 탐구하는 관점에서 보면, 이 놀이에서 유일하게 인상적인 측면은 아이가 놀이의 첫 부분—떠남 혹은 사라짐—을 "쾌감을 주는 결말이 있는 에피소드 전체보다 더 빈번히 반복한다"(18:15-16)는 점이다. 이를 어떻게 이해해야 할까?

프로이트가 제시하는 첫 번째 답변은 아이가 수동적 역할을 능동적 역할로 바꾼다는 것이며, 프로이트에 따르면 아이의 그런 노력은, "기억 자체가 쾌감을 주든 그렇지 않든 상관없이 작용하는, 지배/통제mastery**를 향한 본능으로 설명할 수 있다." 그래서 우리는 갑자기 프로이트의 사유에서 결정적으로 문제가 되는 영역 한가운데에 이르게 된다. 그것은 즉 지배/통제와 쾌의 관계, 그리고 더 문제가 되는 지배/통제와 섹슈얼리티의 관

---

* 이는 버사니가 말하듯 이제 너무나 유명해진 "'포르트-다' 게임 'fort-da' game"이다. fort는 독일어로 '갔다', '사라졌다'는 뜻이고, da는 '거기'라는 뜻이다. 프로이트는 이를 욕망의 대상의 부재와 귀환을 아이가 스스로 통제한다는 의미에서 '없다-있다'를 반복하는 놀이로 해석한다.

** mastery는 문맥에 따라 지배/통제, 통제권 또는 정복, 지배로 번역하였다.

계이다.[3] 이 놀이의 괴로운 전반부를 아이가 더 좋아한다는 사실에 대한 프로이트의 두 번째 해석은 정말 또 다른 해석이라기보다는 첫 번째 해석의 수정된 반복에 더 가깝다. 대상을 사라지게 만드는 것은 여기서 아이가 "자기를 두고 가 버리는 어머니에게 복수를 하는" 방법이다. 프로이트는 이어서 이렇게 말한다. "그럴 경우, 그 행위는 반항적인 의미를 지닐 것이다. '그래, 좋아, 가 버려. 나도 네가 필요 없어. 내가 너를 보내 버리는 거야'"(18:16). 이것은 물론 지배/통제의 한 가지 형식처럼 보이는데, 상황에 수동적으로 굴복하기보다는 상황을 지배하려는 욕망이 이제 복수의 충동과 분리불가능하다. 즉, 지배 충동이 정동적으로 충만한 상태인 것이다. 내가 보기에 여기에는 사디즘적인 동시에 마조히즘적인 쾌로 볼 수밖에 없는 요소가 포함되어 있다. 아이는 어머니가 고통—애초에 아이에게 가했던 헤어짐의 고통—을 겪는 환상을 즐기는 것이다. 그리고 말하자면, 여기서 복수는 복수를 행하는 사람 자신의 고통을 포함한다는 것을 상기시킨다. 하지만 아이의 고통은 이제 쾌의 두 가지 원천과 분리할 수 없다. 즉 어머니의 고통을 재현하는 행위, 그리고 그토록 대단한 권력을 행사한다는 나르시시즘적 만족감이다. 실제로 여기에 어떤 선후관계는 없다. 오히려 어머니와 아이 모두에게 고통인 헤어짐을 만족스럽게 재현하는 하나의 행위가 있을 뿐이다. 달리 말해서 지배는 자기 처벌과 동시에 일어난다. 전능함과 자율의 환상(아이가 어머니의 움직임을 통제하며 어머니를 필요로 하지 않는다는 환상)은 고통의 반복과 불가분의 관계이다.

　아주 기묘한 논리가 펼쳐지기 시작한다. 프로이트가 여기서 표면적으로 다루는 주제는 불가사의한 반복이고, 그는 불가사의하고 기만적일 정도로 비생산적인 반복을 자신의 서사 과정에 포함시킴으로써 반복이라는 주제를 "탐구"한다. 내가 "기만적일 정도로 비생산적"이라고 하는 이유는, 어떤 논지가 형성되고 있긴 하지만 "쾌원칙을 넘어서" 나아가는 대신에 쾌원칙을 연장 혹은 재정의하기 때문이다. (예를 들어 정상적 가족생활이나 심각한 전쟁 신경증의 사례에서 가져온) 여러 다른 유형의 증거를 정리하는 과정에서 프로이트는 책 제목에서 반박하기로 약속한 바로 그 입장을 반복하면서 옹호하지 않을 수 없는 것처럼 보인다. 즉, 첫 장의 첫 문장에 나오는, "정신적 사건의 경로는 쾌원칙에 의해서 자동적으로 규제된다"는 입장 말이다. 프로이트의 저작에서 처음으로 "쾌"라는 말이 일상적 성격을 버리고 정신분석적 개념으로서 기능하기 시작한다고 할 수 있다.《쾌락원칙을 넘어서》의 첫 세 장은 쾌의 제한적 힘을 증명한다는 명목하에서 쾌의 문제로 계속해서 회귀하는데, 쾌를 언급하는 횟수가 너무 많아서 그 단어의 의미가 거의 녹아 없어질 지경이다. 터무니없이 모호한 그 단어가 마치 그 단어에 외재적인 무언가를―사실상 쾌의 주권성을 아마도 망쳐 버리게 될 파괴성향이라는 개념을―지시하지 않을 수 없는 듯 보이는 것이다. 그러므로, 에고의 자해自害성향, 어쩌면 심지어 자기 파괴성향과 쾌의 연관성으로 인해 텍스트는 애초부터 난감한 형국이다. 이 연관성은 궁극적으로 인정되는 동시에 억압되겠지만, 처음에는 서로 반대되는 개념의 대항논리라고 인정되지도 않고 인정할 수도 없는 것으로서 제시된다.

그러한 논리는 제3장에 등장하는 "증거"에서—여전히 인정되지도 않고 인정할 수도 없는 채로—결정적인 한 걸음을 내디딘다. 이 새로운 증거는 사실상 제1장에서 제시된 논점의 수정본이고, 그러므로 거의 반복으로 이루어지는《쾌락원칙을 넘어서》의 이미 복잡한 패턴을 더 복잡하게 만든다. 여기서 프로이트가 제시하는 것은 지금 쾌를 유발할 수 없을 뿐 아니라 "오래전 억압되어 버린 본능적 충동을 예전에도 결코 만족시킬 수 없었던" 경험을 정신분석학의 전이transference에서 반복하는 강박의 사례이다. 이것은 제1장 끝부분에서 언급된 사례, 원래는 쾌를 유발하지만 억압된 후에 에고의 의식으로 회귀하면 불쾌를 가져오는 사례와는 전혀 다른 것이라는 취지로 제시된다. 하지만 제3장에서 알 수 있듯이, 프로이트가 유아기의 성적 생활을 기술하는 방식을 보면 쾌와 불쾌—적어도 성적인 쾌와 불쾌—를 어떻게 구분하든 문제가 된다. 물론 섹슈얼리티가 텍스트의 수면 위로 다시 한 번 떠올랐음을 지적해야겠다. 정신분석적 전이에서 다시 경험되는 욕망 충동의 긴장은 방출되지 않은 성적 충동의 긴장이다. 프로이트는 이렇게 쓴다.

유아기 성적 생활의 이른 개화開花는 소멸의 운명에 처한다. 그 소망이 현실과 양립불가능하고 아이가 이룬 불충분한 발달 상태와 양립불가능하기 때문이다. 아이의 성적 개화는 가장 괴로운 상황 속에서 가장 고통스러운 감정을 수반하면서 종말을 맞이하게 된다.

프로이트에 따르면 그 이유는 여러 가지이다. 아이가 원하는 만큼 사랑을 받을 수 없다는 사실, 유아기의 성적 시도가 그 속성상 완결될 수 없는 것이라는 사실, 형제자매 간의 질투, 아이가 스스로 아이를 만들지 못한다는 사실, 때때로 주어지는 처벌, 점차 증가하는 교육의 필요성 등이 그것이다(18:20-21).

유전학적으로 섹슈얼리티는 실패의 경험과 불가분의 관계이다. 달리 말하자면, 과거의 본능적 쾌의 가능성은 애초부터 고통의 현실성과 분리불가능하며 결국 고통의 현실성에 무릎을 꿇는다.[4] 섹슈얼리티는 인간의 생애에서 "적절치 않은 시기에" 생겨난다―하지만 내가 주장해 왔듯이, 섹슈얼리티는 바로 그 부적절한 타이밍으로 인해서 생겨난다. 인간의 섹슈얼리티는 일종의 심리적 파열로서, 자아의 안정과 통일성에 대한 위협으로 만들어지는 것이다―이 위협을 우리가 견뎌낼 수 있는 것은 오직 성적인 쾌가 마조히즘적 성질을 갖는 덕분이다.《쾌락원칙을 넘어서》의 제3장은《세 편의 에세이》에서 우리가 발견했던 성의 마조히즘적 존재론을 다소 일화적逸話的 차원으로 변환하고 있다(프로이트는 유아기 성적 쾌락의 경로에 놓인 여러 "실제적" 어려움과 장애물을 열거한다). 하지만 분석 층위가 이렇게 변화하여 존재론에서 발전론으로 "하강"하는데도 불구하고, 섹슈얼리티가 마조히즘과 분리불가능하다는 결론은 변함이 없다. 어린 시절의 섹슈얼리티에 동반되는 고통스러운 갈등은 섹슈얼리티의 소멸로 단순히 이어지기는커녕 사실상 섹슈얼리티의 지속과 위력에 기여한다. 섹슈얼리티, 갈등, 소멸의 순서로 진행하는 것이 아니다. 오히려, 갈등, 대립, 실패가 어쩌면 정신적 과정의 성애화에 필요한 강화작용에 기여하는 것이다. 반복강박은 불쾌를 유발한다고 볼 수 있고, 억압된 경험은 그러므로 에고의 관점에서 에고의 구조를 재성애화하려는 항구적 경향으로 이해할 수 있을 것이다. 이 작용은 쾌라는 명분하에 이루어지며, 그러한 모든 파열적 재성애화에 대한 저항도 마찬가지로 쾌의 명분하에 이루어진다.

《쾌락원칙을 넘어서》의 후반부는 전반부의 "증거"가 가리키는 결론에서 도피하려는 프로이트의 시도로 읽을 수 있다. 제5장에 이를 즈음 프로이트는 반복강박(방금 우리가 마조히즘적 흥분을 반복하려는 소망으로 이해할 수 있었던 사례들)을 어떤 알 수 없는 기운으로 격상시키고, 그 기운을 "마력적daemonic"이라고 표현하기에 이른다. 즉 반복강박이 얼마나 모호한 것인지만 역설함으로써 반복강박에 "본능의 성격"을 부여한 것이다(18:35).

그뿐이 아니다. 반복강박은 그것 자체가 본능이 됨으로써 본능의 정의를 변화시킨다. 처음 논의가 시작될 때 반복강박은 쾌원칙에서 예외가 될 수 있는 징조를 보였지만, 반복강박적인 특성은 모든 본능적 행동의 전제조건이 된다. 이러한 비약으로 반복과 쾌락이 서로 조화를 이룰 수 있다. 하지만 반복강박이 격상되는 바로 그 과정에서, 반복은 가령 어머니에 대한 아이의 자기징벌적 복수라는 만족스러운 흥분을 되풀이하려는 욕구였다가, 모든 흥분에 선행하는 비활성적 삶의 정지상태로 회귀하려는 시도로 바뀐다.

프로이트가 《세 편의 에세이》에서 곤혹스러워하며 지적했듯이 만약 성적 자극이 반복이나 심지어 강화로써 "제거"된다면, 반복은 섹슈얼리티 자체의 논리에 내재하는 것일 수 있다. 하지만 《쾌락원칙을 넘어서》에서 프로이트는 반복의 개념을 심하게 손보아서, 죽음 본능 속에 비성애적 마조히즘, **흥분을 유발하는 고통이 전적으로 제거된 마조히즘**이 있다는 견해를 내놓는다. 그래서, 놀라우리만치 에두르는 길을 따라온 결과, 정신적 긴장의 수위를 최대한 낮게 유지하려는 노력—제1장에서 우리가 바로 쾌원칙의 작용이라고 생각하게 되었던 그 노력—이, 이제 "확장된" 본능의 형태로, 쾌원칙 "너머"의 무언가를 향하는 우리 탐구의 목표물로 제시되는 것이다. 그리고 마지막 장 마지막 페이지에서 프로이트는 마침내 제1장 첫 페이지에 등장하는 쾌락의 정의에 이미 들어있던 이야기, "쾌원칙은 사실상 죽음 본능에

봉사하는 것으로 보인다"는 말을 꺼낸다.[*]

　여러 변주를 거쳐 빙 돌아오는 이 경로에서 어느 한 순간 프로이트는 에고의 자기 보존 본능이 "유기체가 죽음에 이르는 길을 스스로 찾아가도록 보장하는 기능을 하는 구성 본능"에 불과하다고 생각하기도 한다. 그렇지만 프로이트는 납득할 만한 당혹감을 표명하며 "그럴 리는 없다"고 쓴다(18:39). 그는 성적 본능이라는 것이 존재한다고 독자와 그 스스로에게 상기시킨다. 그리고 앞서 주장했던 에고 본능(이 표현은 1910년 논문에서 도입되었다)과 성적 본능의 대립이 이제 이 새로운 논고에서 "전자는 죽음을 향해, 후자는 삶의 연장을 위해 압력을 행사한다"는 견해로써 강화될 것처럼 보인다(18:44). 그렇지만 이 대립은 제시되는 즉시 곤란에 처하게 된다. 무엇보다도, 불과 몇 년 전에 정신분석은 나르시시즘, 즉 에고 자체의 리비도적 본성을 발견한 바 있다. 즉, 에고는 현실원칙, 자기 보존 본능, 쾌락원칙, 죽음 본능, 섹슈얼리티를 모두 지닌 채 몹시도 시달리는 존재임을 기억해야 한다. 이제 우리는 급격히 입장이 역전하는 위험을 무릅쓰게 된다. "만약," 프로이트가 주장하듯이, "자기 보존 본능도

---

[*]　마지막 장, 마지막 단락에 나오는 구절이다. "또 하나의 놀라운 사실은, 삶 본능이—평온의 파괴자로 등장하여 항상 긴장(이 긴장의 해소가 쾌로 느껴진다)을 유발하면서—우리 내면의 지각과 훨씬 더 많은 접촉을 하는 반면에, 죽음 본능은 두드러지지 않게 할 일을 한다는 점이다. 쾌원칙은 사실상 죽음 본능에 봉사하는 것으로 보인다"(18:68).

역시 리비도적 본성을 지닌다면, 리비도적 본능이 아닌 다른 본능은 어쩌면 없는 것인가?"(18:52) 에고는 하나의 일원론적 체계였다가 또 다른 종류의 일원론적 체계로, 죽음 본능이 지배하는 체계였다가 성적 본능이 지배하는 체계로 돌변한다. 특히 결정적인 바로 이 순간에 우리는 프로이트의 이항대립들이 붕괴하고, 섹슈얼리티 자체를 죽음으로 재정의하는 시도를 기대해 볼 수도 있을 것이다. 더 정확히 말하자면, 성애화된 의식과 탈안정화되고 잠재적으로 파열된 의식 사이의 동일성을 가정해 볼 수 있다.

그러나 여기서 프로이트는 그런 논의로 나아가기는커녕, 이 책의 가장 주목할 만한 단락 중 하나에서 이렇게 주장한다. "우리의 관점은 맨 처음부터 **이원론적**이었고, 지금은 전보다 더 분명하게 이원론적이다." 첫째로, 에고 내부의 비非리비도적 본능을 우리가 "가리킬 수 있어야 한다"는 주장으로, 소중했던 이원론적 사고방식이 복원된다. 프로이트가 고백하듯 정신분석이 그때까지 죽음 본능의 예를 제시할 수 없었고 다시 말해서 "리비도적 본능 외의 다른 어떤 [에고] 본능을 가리킬" 수 없었는데도 말이다(18:53). 둘째로, 아주 중요하게도, 섹슈얼리티가 죽음과의 근접성으로 오염되지 않게 하려고 프로이트는 난데없이 섹슈얼리티를 통합의 능력을 지닌 에로스와 동화시키려 한다. 그럼으로써 섹슈얼리티를 길들이고, 그의 작업이 내포하는 더 강력하고 더 급진적인 사유의 노선을 부정한다. 즉, 종의 번식과 양성의 합일 등과 같은 목표와는 별개이며 그런 목표에 무관심한, 주체를 탈안정화하는 욕망의 판타지와 섹슈얼리티를 연관시키는 급진적 사유를 부인하는 것이다. 하지만 그렇다 하더라도 삶-죽음의 이원론은 무너지기 쉽다. 죽음 본능이 말하자면 생명 이전의 상태를 "보존"하려 하는 것과 마찬가지로, 성적 본능에서 생명을 보존하려는 경향은 "보수적"이라고 간주된다. 나아가 프로이트는 플라톤의 《향연Symposium》에 나오는 아리스토파네스Aritophanes의 성욕 이론을 동원하여,* 죽음 본능과 마찬가지로 에로스가 초기 상태로 돌아가려는 본능적 욕구를 표현한다고 주장한다. 이처럼 복잡한 과정을 거쳐서, 성적 본능은 리비도화된 에고 속에 비非리비도적인 죽음 본능과 함께 거하게 된다. 성적 본능이 리비도와 무관한 죽음 본능에서 파생한 것처럼 여겨지면서 죽음 본능의 희미한 복제본이 되는 것이다. 쾌락

---

* 플라톤의 《향연》에서 희곡 작가 아리스토파네스는 원래 인간이 두 얼굴과 두 겹의 몸을 가진 존재였으며 세 가지 성별(남성, 여성, 남녀혼성)로 구분되어 있었다는 기원 서사를 제시한다. 그러한 인간이 너무 강력하여 신들을 위협하는 바람에 제우스가 인간의 몸을 둘로 나눴다는 것이다. 약화된 인간이 원래의 온전한 상태로 다시 돌아가고자 열망하면서 나머지 반쪽을 그리워하고 서로 끌어안게 되었다는 아리스토파네스의 서사는 사랑, 섹슈얼리티의 기원에 대한 설명으로 흔히 회자된다. 플라톤이 아리스토파네스의 입을 빌려 제시하는 이 우화를 길게 인용하면서, 프로이트 역시 이 이론이 "성적 본능의 기원뿐 아니라 성적 본능의 대상과 관련한 다변성의 가장 중요한 내용을 다루고 있다"고 기술한다(18:57, 원문 강조).

과 고통의 동일성, 섹슈얼리티와 파괴 사이의 심오한 연관성은, 말하자면 대립관계 내의 유비관계 속에서 은폐된다. 이 유비관계는, 정지상태를 향한 충동의 또 다른 발현으로 섹슈얼리티를 환원하고 있다.

　추론으로 이루어진 프로이트 텍스트의 후반부에서 억압되는 것은 생산적 마조히즘으로서의 섹슈얼리티이다. 섹슈얼리티의 파열적 효과를 에로스화되고 탈서사화된 유동적 의식의 긴장을 유지하기 위해서 활용할 가능성은 간과되거나 거부되고, 쾌는 모든 긴장의 감소, 모든 흥분의 제거에 불과하다고 보는 관점이 우위에 놓인다. 무생물이 생명의 속성을 부여받게 되는 즉시 생명의 속성을 없애 버리려고 한다는 것이 프로이트의 명시적 주장이다. 《세 편의 에세이》에서 보았듯이, 프로이트는 "성적 만족과 성적 흥분의 관계를 흡족하게 설명"하지 못한다는 것을 "내키지 않지만 인정할 수밖에 없다"고 하였다. 바로 그 어려움은 1920년에 정신분석 이론이 중요한 새 방향으로 나아가는 데 뒷받침이 된다. 그리고 프로이트는 "성적 만족과 성적 흥분의 관계"에 가장 인상적인 접근을 할 것처럼 보이는 바로 그 순간, 자신의 사유에서 그 새로운 방향으로 나아간다. 내가 믿기로, 1914년, 1915년에 쓰인 〈나르시시즘 서론On Narcissism〉과 〈본능과 그 변화〉는 《세 편의 에세이》에서 이미 그 개요를 제시했던 입장, 즉 리비도화된 에고가 파열로써 황홀을 경험하는 에고라는 입장을 더 뚜렷이 명제화하는 방향으로 향하고 있다. 그러나 우리가 살펴보았듯이, 파괴성향과 리비도는 삶과 죽음 본능의 이원론에서는 철저히 분리되는 것이며, 1924년의 〈마조히즘의 경제적 문제The Economic Problem of Masochism〉에서 일차적 마조히즘은 파생적(그러므로 이차적)이라고 여겨지는 "성감대적" 마조히즘과는 조심스럽게 구분된다. 《쾌락원칙을 넘어서》는 섹슈얼리티를 다루는 특정한 경향을 촉발하고 또 경찬慶讚한다. 그것은, 섹슈얼리티가 유아기의 여러 단계를 거쳐 발전하는 목적론적 서사를 이루거나 또는 (에고심리학의 경우처럼) 일반심리학으로 통합되거나 혹은 결국 (그리고 더 최근의 경향처럼) 구조주의 언어학의 영향을 받은 담론으로써 중화되지 않는 한 정신분석적 사고에서 섹슈얼리티를 배제하거나 우회하려는 경향이다. 이처럼 섹슈얼리티를 규범화하고 길들이는 기획에 프로이트의 저작이 가장 중대하게 기여한 점은 어쩌면, 설명되는 동시에 전복되는 정신적 차이들의 체계라는 알레고리를 통해서 인간주체를 이해가능한 대상으로 만들려고 했다는 사실이리라. 이는 다음 장에서 《에고와 이드》의 구조적 이론을 살펴봄으로써 알 수 있게 될 것이다.

《쾌락원칙을 넘어서》의 위력은 그 책의 논리적 형식 및 그 책이 제시하는 논지들의 무력함과 분리불가능하다. 달리 말하자면, 그 무력함은 텍스트의 명시적 논리가 형식을 마련하지 못한 결과—즉 논지가 전개되는 와중에 논지를 오염시키는 숨은 영향력으로 인해서 논지가 "정리의 형식을 갖추지 못한dis-formu-lated" 결과―이다. 그렇지만 이처럼 탈형식화deform* 하는 과정은 논리상 생산적이기도 하다. 어쨌든 그 생산의 양태는 기묘하게 반역적이거나 아니면 반복을 노출한다. 논지의 각 단계가 바로 이전의 전개(엄마에 대한 아이의 복수는 그의 통제권의 재진술이고, 억압된 쾌 경험의 반복은 억압된 불쾌 경험의 반복이라는 주장)를 되풀이하며, 유동적인 쾌의 개념을 멀리하려는 듯하다가도 되풀이한다. 프로이트 주장의 각 단계는 쾌원칙을 옹호하는 동시에 반박한다. 쾌를 복제하는 파괴라고 부를 수밖에 없는 과정으로써 쾌를 철폐하는 것이다. 하지만 그런 과정을 어떻게든 호명하는 게 가능이나 한가? 우리가 복제해 보려 했던 프로이트의 논리 전개 방식들은, 내가 보기엔, 의식이 사고의 대상을 철폐하는 바로 그 방식들을 너무나도 잘 보여주는 모델이다. 그리고 이 과정에 연루되지 않으면서 그 과정을 기술하기는 불가능하다. 즉, 그러한 기술 자체가, 말하자면 그런 사유과정에 내포된 혹은 "그-속에-내면화된" 채로 그 과정에서 멀어지는 행위가

---

* 버사니는 논리를 일관된 형식 속에서 서사로 명제화하는 과정을 일종의 '억압'으로 설명하고자 한다. 그는 일관된 형식을 벗어나(게 하)는 과정을 'deform'이라고 기술하는데, deform은 흔히 기형적 모양으로 만든다는 뜻으로 쓰이지만, 형식을 왜곡시켜 변형한다는 원래의 의미를 살려 번역하였다. 의식을 흥분시키고 교란하고 파열하는 자극을 '묶어' 안정시키는 심리적 기제를 '풀어' 버리는 '탈형식화'에 대한 논의는 다음 페이지에서 이어진다.

되지 않을 수 없는 것이다. 나의 사고는 스스로를 상실의 작용이라고 사고한다. 프로이트는 이러한 과정을 좀 덜 추상적인 차원에서 생각하라고, 심지어 몸이 의식에 가하는 압박으로 그런 과정이 결정된다는 상상을 하라고 가르침을 주었다. 《꿈의 해석》에서 그는 이렇게 기술했다. "생각은 결국 환각적 소망의 대체물에 불과하다. … 소망만이 우리 정신의 기제를 작동시킬 수 있다"(5:567). 사고가 원래 욕망으로 구성된다면, 심리적 기제의 활성화는 이미 사고를 위협하는 것이다. 과거에 경험한 쾌의 조건들을 복제하려는 시도가 정신의 집중상태를 혼란시키고 교란하고 과부하를 초래한다는 의미에서 그렇다. 이런 도식에서 섹슈얼리티는 순전히 육체적인 쾌에 대한 어떤 가설이 아니라, 오히려 애초부터 몸의 경험을 설명하지 못하고 몸의 경험에 적합한 개념들을 찾아내지 못하는 정신의 실패를 가리키는 기호이다. 욕망의 환상은 정신이 스스로의 기능적 실패를 재생산하려는 시도라고 해야 할 것이다.

그렇다면, 《쾌락원칙을 넘어서》에서 프로이트는 쾌를 심리적 평온상태로 환원하려 하고 있는데 섹슈얼리티가 그 심리적 평온상태와 내재적으로 대립관계에 놓이는 것이다. 정신적 발달의 **작용**은 내가 지금 언급한 동요를 묶어 두는binding 과정, 혹은 의식의 움직임을 탈성애화desexualization하는 과정을 포함한다. 나는 이 묶어 두기의 과정이 사고를 다시 안정화하여, 가령 우리가 볼 수 있었듯이 프로이트가 성공적으로 해내지 **못한** (최초의 질문에서 증거를 통해 결론에 이르는) 서사적 논증을 할 필요에 상대적으로 덜 시달리면서 사고가 진행할 수 있게 한다고 주장하고자 한다. 사고를 서사로 묶어 두는 일은 욕망의 작동 양식에 대한 억압, 어쩌면 철학 담론이 전통적으로 의존해 왔던 억압이다. 프로이트는 그러한 담론을 매우 문제시하는 데 기여했는데, 그런 담론이 어디서 나왔는지를 환원적으로 이론화했기 때문이라기보다는 그런 담론을 수행하려는 시도에서 실패했기 때문에 그런 기여를 할 수 있었다. 데리다는, 어떤 철학적이거나 과학적인 모델과도 상응하지 않는,《쾌락원칙을 넘어서》라는 텍스트 속의 움직임에 대해서 이야기한다. 그에 따르면, 그 텍스트의 적절성 및 수행의 조건은 주체로서 프로이트가 그의 텍스트 안에 새겨 넣은 것이다.[5] 또한《쾌락원칙을 넘어서》에서 벌어지는 일은 바로, 일종의 흥분되고 전치된 반복이 논지의 전개과정에 침입하는 일이라고 말할 수도 있을 것이다. 이 반복에서 특징적인 것은 비서사적non-narrative인 생산성이다. 쾌원칙 너머의 무언가를 향해 논지를 진전시키는 대신, 반복은 논지가 기술하려는 현상에 그 논지의 개념들 자체(특히 쾌락-고통, 삶-죽음의 이원론)가 부합하지 않음을 증명한다.

더 정확히 말하자면, 논지는 이미 "억압된" 혹은 묶여 버린 바로 그 현상이다. 텍스트에서 내가 추적해 온 풀기unbinding 혹은 탈형식화deforming는, 프로이트의 첫 장에서 내가 지적했던 상대적으로 부정확한 개념들을 묘하게 정당화한다. 쾌, 현실, 섹슈얼리티, 죽음이라는 언어적 범주는 의식 속의 어떤 집요한 작용insistence에 기껏해야 "관련"되거나 그로부터 "추론"되거나 "상응"할 뿐이며, 그런 집요함을 포착하지 못하고 놓치는 것이 언어적 발화의 기능이다. 그리고 어쩌면 우리는 필연적으로 부정확하게 "문학적 언어"라 호명된 것 안에서 이 집요하고 고요한 반복, 생산적 오인에 의한 반복들이 텍스트의 행간에 침윤하고 있음을 알아채야 할 것이다. 이러한 반복들은 프로이트의 텍스트에서 "쾌"라는 단어의 미끄러짐, 혹은 삶과 죽음이라는 본능적 갈등 속 섹슈얼리티의 불확정적인 자리잡기 등의 사건에 의해서만 언어로 표현될 수 있다.

언어의 비지시성nonreferentiality은 기표의 궁극성을 가리키지 않는다. 그것은 오히려 기의될 수 있는 것에 실재가 접근할 수 없다는 사실, 바로 그 접근불가능성의 작용이다. 문학적 텍스트는 어쩌면 지시대상이 언어적 발화의 틈새 속에서 움직이는 데에 주목할 것을 요구한다. 문학은 의사소통이라는 언어의 기획을 조롱하고 무너뜨린다. 문학은 해석을 요청하면서도 언어를 해석에 다소 부적합하게 만든다. 문학은 우리에게 낱말의 농밀함을 의식하도록 강제하는데, 이때 낱말의 농밀함이란 의미론적 풍요로움의 기능이 아니라 도리어 유동적 의미를 포괄해 내지 못하는 낱말들의 부적합성을 가리키는 기호이다. 그리고 어쩌면 이러한 의식의 정치적으로 건전한 속성만큼 특이한 것은 없을 것이다. 문학은, 언어를 더욱 정확하게 사용하는 방향으로 간다거나 상투어구의 누적된 외피를 털어 냄으로써 의미론적 신선함의 회복을 도모한다는 의미에서라면, 언어 사용의 정제를 도와주지 않을 수도 있다. 대신에, 문학은 언어 속에서 그어떤 의미의 기획도 전복시킨다. 의미의 정확성을 꾀하는 기획이라면 더욱 그렇다. 그럼으로써 문학은 그런 모든 기획에 어느정도 숨어 있는 강압적 복안에 우리가 저항할 수 있도록 도와줄 것이다. 문학의 사회적 기능—문학의 비평적 위력—은 논증argument의 힘, 진리에 도달할 수 있다는 논증의 주장을 탈신비화하는 데 있다. 텍스트 안에서 탈의미화 작용을 하는 유동성을 촉발함으로써, 작가의 고요하고 집요한 목소리는 우리를 너무나 손쉽게 유혹하고 사로잡는 진술의 그 안정성을 와해한다.

처음 시작했을 때와 마찬가지로 우리는 상당히 잔인한 예술작품에 대한 논의로 이 장을 마무리할 것이다. 즉 〈살로〉처럼, 서사성에 어쩌면 내재할 수도 있는 일종의 폭력에 탐닉하면서도 또한 어떤 형식상의 "폭력"으로 그 폭력에 대항하는 그런 작품이다. 내가 다루려는 것은 니네베Nineveh와 님루드Nimrud[*]의 신아시리아 궁전에서 발견된 장엄하고 잔인한 부조浮彫 작품

---

[*]   니네베는 티그리스강 동쪽 연안에 위치한 신아시리아 제국의 수도였다. 기원전 612년에 아시리아 제국이 멸망하여 버려지고 폐허가 되었다. 님루드 또한 고대 아시리아의 유적지로, 기원전 14세기~7세기 사이에 아시리아 제국의 주요 도시였다.

들이다. 이 부조들, 특히 기원전 9세기의 아슈르나시르팔 2세 Ashurnasirpal II 왕과 기원전 7세기의 아슈르바니팔Ashurbanipal 왕 재위 중에 만들어진 작품에서 아시리아 역사는 무엇보다도 특히 대단한 위용을 자랑하는 볼거리가 된다. 예술이 그처럼 역사에—더 정확히 말해 특정한 정치적 기획에—봉사하는 데 안주했던 예는 거의 없다. 적어도 보기엔 그렇다. 이 부조들의 송축적 성격, 적군의 패배, 굴욕, 살육을 명백히 즐기는 기색, 전투와 사냥 장면에 넘쳐나는 잔혹한 세부 묘사는 아시리아인들이 대단히 국수주의적이고 제국주의적이며 폭력적인 민족이었다는 역사가들의 견해를 확인해 주는 동시에, 많은 메소포타미아 연구자들이 이 예술에 바치는 상찬에서조차 느껴지는 거부감을 정당화한다.

그러나 아시리아의 부조에서 폭력의 광경은 외견상의 중요성에도 불구하고 결코 특권적 지위를 유지하지 않는다. 예를 들어 첫 번째 그림에서 가져온 사자 사냥 부분에서 우리는 폭력의 최고치에 불가항력적으로 이끌리게 되는 것 같다.[6] 왼쪽 상처 입은 사자와 두 마리 말의 움직임은 이 장면을 왼쪽에서 오른쪽으로 재빨리 훑어보게 만든다(146쪽 그림 1 - 옮긴이). 우리의 시선은 이 부조의 극적인 중심부로 여겨지는 부분에서 멈춘다. 즉 기수가 사자의 열린 입에 창을 꽂는 모습이다. 하지만 이 일화의 절정부는 모호하다. 무엇보다도, 오른쪽으로 향하는 움직임이 이 절정의 지점을 넘어서 계속 이어진다. 그 결과, 이 움직임

[그림 1] 야생당나귀 사냥과 사자 죽이기(니네베에 있는 아슈르바니팔 북 궁전 소재)

은 남자의 창이 야수와 접촉하는 폭력의 계기에만 봉사하지는 않는다. 실제로 이 움직임은 관람자를 그 접촉에서 멀어지게 하며 그럼으로써 왼쪽으로 도약하는 사자의 영향력으로부터 주의를 분산시킨다. 이 장면의 이 부분을 더 자세히 보면(그림 2), 반대로 움직이는 두 동물의 병렬구도가 벌린 채 찔린 사자의 입에 시선을 정지시키는 대신에 장면을 계속 유동적으로 읽을 것을 요구한다는 점이 더욱 뚜렷해진다. 정지한 채로 이 장면을 보는 것조차 순간적으로 정지된 동작의 긴장을 포함하게 된다. 나아가, 형식들이 맺는 관계 때문에 폭력적인 주제로부터 관람자의 주의가 분산된다. 창 바로 아래쪽에 있는 몇 가지 요소들(고

[그림 2] 그림 1의 세부

삐, 마구, 사자의 다리, 말의 다리가 이루는 연속성), 그리고 사자 앞
발과 바로 그 아래 사수 신발의 수술의 외곽선을 이루는 절단된
선의 유사성을 살펴보자. 그런 형식화는 이 장면의 서사적 독해
에 결정적인 작용을 하는 차이들을 억압하며, 그럼으로써 대항
서사적 조직 및 동일시라 지칭될 수 있는 것에 집중할 수 있게
해 준다. 예를 들어 창의 도상학적 정체성은, 아래쪽 고삐 그리
고 창과 고삐 사이 말갈기의 일부와 함께 창이 형성하는 삼각구
도 때문에 다소 불명확해진다. (또한 창이 일직선 패널에서 벗어
나 올라가서 위 패널의 기준선을 뚫고 올라간다는 점을 살펴보라.)
장면의 일화적 중심부가 가장 강력하게 부각되는 바로 그 지점에서 관람자의 관심은 기하학적 형식과 일화적 내용 사이를 오간다.

아시리아 조각가들은 주제를 중시하지 않는 예외적인 의향을 다양한 종류의 형식적 유희를 통해서 보여준다. 그들은 우리에게 서사의 폭력에서 벗어나서 여러 형식을 생산하는 여러 접촉의 "폭력"으로 이행하도록 지속적으로 요청한다. 그 결과, 폭력적인 스토리가 특권적인 파괴성의 위상을 지니지 않게 된다. 실제로 전쟁과 사냥의 광폭함은 예술적 재창조 속에서 어느 정도 사소해진다. 고대 예술가들에게 찬양의 의도가 분명히 있었겠지만, 아시리아 역사의 이 위대한 장면들은 언제나 장면들의 역사적 심각함을 일축하라고 요청하는 신호들, 우리의 주의를 다른 곳으로 돌리고 그럼으로써 정지된 이미지를 안정되게 읽지 못하게 만드는 신호들을 포함하고 있다. 아시리아 조각은 아시리아의 역사 앞에서 전복적 수동성을 택하는 것이다. 아시리아 조각은 그 역사의 "영광"을 경축하는 동시에 재형식화한다. 이 예술에서, 도처에 존재하는 역사적 폭력의 광경은 역사 속 폭력에 우리가 매혹되지 않게 하는 잠재적 교정수단으로 작용한다. 내가 주장해 온 바처럼 인간 섹슈얼리티가 마조히즘에 기반을 둔다면, 우리는 거의 태초부터 존재론적으로 폭력에 연루되어 있는 것이다. 우리는 폭력과 비폭력 사이에서 선택하는 것이 아니라, 유동적 욕망이 가능하게 하는 심리적 탈구와 일화적 폭력에 대한 파괴적 고착 사이에서 선택하는 것이다. 이런 관점에서 보면, 아시리아 궁전의 부조와 어떤 모더니티—최근 역사의 실제 폭력성에 대한 항의라기보다도, 비非파국적 폭력에 대한 선호라고 규정될 수 있는 모더니티—사이에서 흥미로운 친연성을 발견할 수 있다. 미학적으로, 이는 리얼리즘적 예술에 묘사된 파국—개인적 파국이든 사회적 파국이든—에서 벗어난다는 것을 의미한다. 왜냐하면 파국은 폭력이 **정지**할 때, 욕망의 유동성이 추동한 탈구가 말하자면 **자리를 잡으려** 할 때, 위치를 점유하려 할 때, 특정한 대상에 애착을 형성하고 그러면서 그 대상을 파괴하려 할 때 일어나기 때문이다.

[**그림 3**] 기원전 653년 울라이 강가 틸-투바 전투에서 아슈르바니팔과 아시리아 군대가 엘람 왕 테르미난의 군대와 싸우는 모습(니네베에 있는 남서 궁전 소재)

아시리아 궁전의 부조는 모종의 반복과 이 유동성의 공존가능성을 제시한다. 이 조각가들은 거의 동일한 반복처럼 보이는 것을 가지고 무모하게 유희한다. 실제로 그들의 작품은 동일한 대상이나 행위를 최소한 두 가지 다른 판본으로 다루는 데에 강박적 매혹을 느끼는 듯하다. 하지만 그런 이중의 이미지조차도 지각을 정지시키는 대신 유동적으로 만든다. 그림 4에서 짝지어진 세 쌍의 이미지가 만들어낸 외견상의 질서에 주목해 보자. 두 사냥꾼의 머리, 사자의 두 발, 대략 비슷한 자세에 놓인 두 손을 보라. 그러나 이 질서는 각 쌍을 이루는 짝들의 특이한 부조화로 인해 훼손된다. 사자의 두 발은 서로에게서 멀어지고 있으며, 위쪽의 사자 발은 짝을 이루는 발과 평행을 이루지 않고 왼쪽 사냥꾼의 어깨 위에 늘어진 꼬리와 평행이다. 또, 오른쪽의 손과 정말로 짝을 이루는 것은 어느 손인가? 그 손은 수직으로 놓인 왼쪽 손과 비슷한 자세로 사자의 몸 위에 있지만, 대각선을 이루는 모양 때문에 왼쪽 아래에서 그 손을 향해 사선으로 뻗은 팔의 연장선처럼 보인다. 궁전의 이 부조작품들이 흔히 그러하듯, 반복은 관람자에게 의심 혹은 혼란을 야기한다. 관람자는 A가 A'로 반복되는 과정을 따라가지만, A'에는 다른 점이 있기 때문에 A로 돌아가서 원래의 모델을 살펴보게 된다. 아시리아 조각품에서 반복은 반복 그 자체를 문제로 만든다. 반복은 시야에 가장 강력한 질서의 요소를 제공하는 것처럼 보이지만, 사실상 관람자에게는 반복되는 요소들 사이에서 지각을 검증하

[그림 4] 사냥으로부터의 귀환(니네베에 있는 아슈르바니팔 북 궁전 소재)

게 하는 불확정적 움직임을 촉발하는 것이다. 궁전의 부조작품
들은 그러므로 반복의 미학을 향하는 출발점을 제공해 줄 수 있
다. 이는 동일한 요소들의 안정적인 짝짓기로서의 반복이 아니
라, 정지를 유발하는 움직임 혹은 차별화된 재생산, 동요된 재생
산으로서의 반복이 이루어 내는 미학이다. (그리고 이는《세 편의
에세이》에서 성적 흥분이라는 거의 상상불가능한 불가사의를 정리
로 형식화하려던 프로이트의 노력을 상기시킨다.)

신아시리아 예술에서 가져온 마지막 예는 다음 그림(152쪽
그림 5 - 옮긴이)에 나오는, 우리에서 풀려나는 사자의 모습이다.
여기엔 강력한 서사적 방향이 있다. 남자와 사자가 둘 다, 예상

[그림 5] 말에서 내려 사자와 싸우며 죽은 사자 위에 헌주를 붓는 아슈르바니팔 왕(니네베에 있는 아슈르바니팔 북 궁전 소재)

되는 행위의 장면으로, 왼쪽으로 우리의 주의를 돌린다. 사자 우리는 움직임을 정지시키는 틀로 작용하며, 어떤 의미에서 이 장면의 서사적 움직임은 반反심미적이다. 마치 재현되는 행위에 내재하는 극심한 압박이 재현 자체를 불가능하게 만드는 것 같다. 우리가 보는 것은, 그림의 틀 두 개가 그 그림의 주체들로부터 버려지는 과정이다.

 그럼에도 우리는 다시 틀 안으로 이끌려 들어오지만, 서사적 움직임을 억지로 회화적 부동성不動性, immobility으로 대체해야 하는 것은 아니다. 첫째로, 공간의 분량만을 본다면, 방치되다시피 한 사자 우리가 장면을 거의 다 차지하고 있다. 무엇보다도

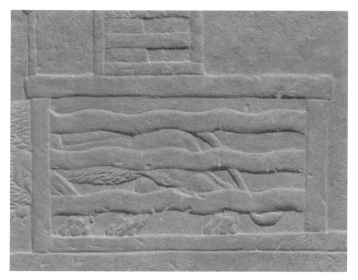

[그림 6] 그림 5의 세부

사자 몸통과 사자 우리 창살들이 뒤섞이는 바람에 사자의 전진
이 이상하게 멈춰진 상황이다(그림 6을 볼 것). 특히 우리 꼭대기
바로 아래 창살은 사자 몸통의 연장선처럼 보인다. 사자는 자신
이 거의 사자 우리가 되는 특이한 방식으로 우리 안에 머무르면
서 우리를 벗어난다고 할 수 있을 것이다. 그렇지만 동시에, 사
자 갈기 모양 창살은 우리 위쪽 가로방향 직선과의 관계 때문에
곡선으로서의 효과에 영향을 받는다. 말하자면 우리가 보는 것
은 중층결정된over-determined 곡선이다. 그것은 비非표상적 선인
동시에 우리 창살이자 야수의 몸통 일부이다. 그로써 사자 우리
의 내부는 (전경의 창살, 배경에서 움직이는 사자가 이루는) 서사

적 공간에서 연관된 형상들이 이루는 연속적 심미성의 공간으로 변형된다. 그리고 궁전의 이 부조작품들이 흔히 그러하듯, 관계가 동일성을 다소 불확실하게 만든다. 아니, 재차 말하지만, 반복이라는 행위가 반복을 이루는 특정한 요소들을 문제로 만들고 있는 것이다.

이 장면의 주제가 어떤 면에서 탈서사화de-narrativization일지라도, 장면이 지니는 서사로서의 힘은 여전히 매우 강력하다. 우리 밖으로 나가는 움직임은 내가 방금 언급한 관계성의 활동보다도 더욱 극적인 인상을 줄 수 있을 것이다. 우리를 벗어나는 사자라는 주제가 그 행위를 반복하는 사람의 형상으로 인해 한층 강조될 뿐 아니라, 가로로 그려진 선들이 우리에서 나오는 야수 몸통의 긴 가로 윤곽선에 주목하게 돕는다. 형식의 관계가 이 장면을 탈서사화하는 것만은 아니다. 사자의 얼굴과 남자의 얼굴을, 그리고 사자의 앞발과 남자가 들어 있는 우리의 왼쪽 위 모퉁이를 이어주는 가상의 대각선들은, 이 장면의 가장 극적인 서사적 측면(즉, 남자—혹은 아이—가 우리를 열고 사자가 우리에서 빠져나간다는 서사적 측면)에 대한 관심을 증폭하는 효과를 지닌다. 여기에는 사실 복합적인 대각선 구도가 있다. 방금 언급한 선들뿐 아니라, 그림 7이 보여주듯이, 우측 아래에서 왼쪽 위로 반대 방향의 대각선들 역시 그려 볼 수 있을 것이다. 이 두 번째 대각선 구도의 요소들 때문에, 서사적 흥미가 결여된 혹은 서사적 흥미가 상대적으로 빈약한 공간에 주목하게 된다. (내가

[그림 7] 그림 5의 대각선 구도

염두에 두는 공간은 두 우리의 우측 상단 모퉁이 사이의 공간과 두 우리의 내부이다. 방금 언급했듯이 우리 내부에서 극적인 주제는 선의 반복 그리고 관련된 형상들의 유희에 종속된다.) 끝으로, 이 대각선들 다수는 남자가 들어 있는 우리 왼쪽의 네모난 공간에서 교차하거나 그 네모를 통과하거나 그것에 가까이 있으며, 이 작은 빈 공간은 그래서 이 장면에서 초점이 집중되는 요소가 된다.

결론적으로, 그 강조된 빈 공간이 표상적인 것이라고 생각해 볼 수 있다. 그 네모는 아무것도 가둬놓고 있지 않다. 그것은 주의를 집중시키기보다는 분산시키기 위해 고안된 초점focal point이다. 그것은 강력한 서사적 요소들로 둘러싸인, 심지어 그러한 요소들로 구성된, 모호하게 중심에 놓인 공간이고(그 네모의 위쪽 경계선, 즉 사자 우리를 열고 있는 남자의 동작은 이 장면의 주요 행위이다), 동시에 그 네모를 "교차"하는 가상의 대각선들은 두 우리의 유동적 동일성과 현저한 형식적 관계에 다시 주목하게 만든다. 적극적으로 비어 있는 그 형상의 해석적 위치는 이 장면에 대한 아주 상이한 두 가지 독해 사이에 놓여 있다고 할 수 있을 것이다. 그것은 두 가지 다른 양태의 관심을 중재하는 공간이다. 즉, 하나는 형상들을 조직하여 이야기의 구성요소로 만드는 서사적 시각이고, 다른 하나는 한층 동요된 불안정한 시각으로, 존재의 온전함과 서사적 형상들의 선형적 움직임 대신에, 관계 맺으며 계속 변동하는 조각과 자투리들을 읽는 시각이다. 아시리아 예술의 유동성이 우리에게 주는 심미적 쾌는 여러 시각적 형식과 해석의 양태를 구분하는 간극들의 동요된 가로지르기라고 정의할 수 있을 것이다. 아시리아 예술은—말라르메의 글처럼—틈새의 관능interstitial sensuality에 대한 가르침이다. 궁전 부조들이 보여주는 "틈새성betweenness"의 거의 정의불가능한 속성—그리고 그 결과로 초래되는, 서사적 독해와 비서사적 독해 사이에서 유예되는 해석—은 이 이름 없는 고대 예술가들이, 그들이 사랑하기로 선택했던 교란과 폭력성의 형상들에 대해 깊이 망설이고 있었거나 혹은 심지어 무지했음을 드러내는 지도 모른다.

제4장   프로이트의 신세계

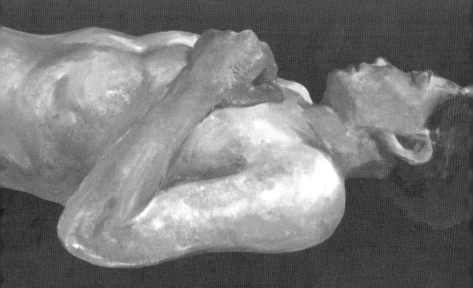

나만큼 오래 살고 나면 알게 될 거예요. 사람들은 모두 자기 껍질이 있고 그 껍질을 고려해야 돼요. 껍질은 포괄적인 상황 전체를 말하는 거예요. 고립된 채로 있는 남자도 여자도 없어요. 우리는 제각기 다 어떤 부속물들의 덩어리로 만들어진 거예요. 우리 '자아'라는 게 뭐지요? 그게 어디서 시작하나요? 어디서 끝나고요? 그건 우리가 가진 모든 것으로 흘러넘쳐 들어가고 또 다시 흘러나오지요. 내가 입으려고 고르는 옷이 나 자신의 커다란 일부라는 걸 난 알아요. 나는 물건들을 대단히 존중해요! 사람의 자아는—다른 사람들이 보기엔—곧 자기 자아를 어떻게 표현하는가의 문제지요. 그리고 집, 가구, 옷, 읽는 책과 만나는 사람들, 이런 것들이 전부 그 표현이어요.

이 구절은 헨리 제임스Henry James의 《여인의 초상The Portrait of a Lady》에서 매우 유럽풍인 인물 멀 부인Madame Merle이 매우 미국적인 주인공 이사벨 아처Isabel Archer에게 하는 말이다.* 제임스는 이 짧은 연설이 "아주 형이상학적"이라고 했고, "형이상학을 좋아했다"던 이사벨은 자아와 그 "부속물들의 덩어리" 사이의 관계에 대한 멀 부인의 견해에 열심히 반대한다.

> "저는 동의하지 않아요. 정반대라고 생각해요. 제가 저 자신을 제대로 표현하는지는 모르겠지만, 다른 어떤 것도 저를 표현하지 않는다는 건 알아요. 제가 가진 그 어떤 것도 저를 가늠하는 척도가 아니에요. 그 반대로, 모든 것이 한계이고 장벽이어요. 완전히 자의적인 것이고요. 물론 옷이, 말씀하신 대로 제가 입기로 선택한 옷이지만, 저를 표현하지는 않아요. 제발

---

* 멀 부인은 '자유와 자립'이라는 미국적 이상을 현시하는 듯한 인물 이사벨 아처와 친구가 되지만, 이사벨을 기만하여 자기의 옛 연인이자 자기 딸의 아버지인 길버트 오즈먼드Gilbert Osmond와 결혼하게 만든다. 《여인의 초상》(1881)은 이사벨이 이러한 과정을 겪으면서 성찰적 자아로 성장하는 이야기이다. 하지만 열린 결말로 마무리된다는 점에서, 버사니가 비판적으로 바라보는 리얼리즘의 목적론적 서사성 및 리얼리즘적 세계의 해독가능성에서 벗어나기도 하는 작품이다. 이는 제임스가 리얼리즘에서 모더니즘으로 이행하는 경향을 보이는 작가라는 점과도 관련이 있을 것이다. 하지만 여기서 버사니는 《여인의 초상》의 리얼리즘적 측면을 더 강조하면서, 리얼리즘이 세계를 서사적 질서 속에서 의미화하는 경향을 비판하고 있다. 버사니가 《여인의 초상》을 인용하는 부분은 역자의 번역이다.

그렇게 되는 일이 없었으면 해요!"

"옷을 아주 잘 입으시는데요." 멀 부인이 사뿐히 끼어들었다.

"그럴 수도 있겠지요. 하지만 그런 걸로 평가받고 싶지 않아요. 제 옷은 옷 만드는 사람을 표현할 수는 있겠지만 저를 표현하지는 않아요. 애당초 옷을 입는다는 것이 저의 선택이 아니에요. 사회가 저에게 강요한 것이지요."

"옷 없이 다니는 게 더 좋을 것 같으세요?" 이 질문을 하는 멀 부인의 말투가 이 토론에 사실상 종지부를 찍었다.[1]

이 흥미로운 논쟁은 어쩌면 미셸 푸코의 "서구 사회 내 주체의 계보"에 포함되어도 좋을 것이다. 이 구절은 자아규정과 자아표현에 대한 상반되는 기술을 상당히 정확하게 다루고 있다. 세련된 멀 부인이 대화에서 손쉽게 승리를 거두는데, 아마도 그 이유는 이사벨과 달리 그녀가 대화의 전략적 성격을 인지하고 있기 때문일 것이다. 이사벨은 주제를 거론한다. 멀 부인은 이사벨에게 주의를 기울이는데, 이 말은 멀 부인이 이사벨의 주장에는 별로 주목하지 않으면서 그녀에게 귀를 기울인다는 뜻이다. 하지만 멀 부인의 최대 강점은 제임스와 그녀의 **필연적 공모**에서 나온다. 소설가로서 그는 인간 행동의 해독가능성readability을 신봉한다. 즉 존재와 부속물들 사이의 관계에 대한 멀 부인의 관점이 시사하는 해독가능성 말이다. 제인 오스틴Jane Austen에서 헨리 제임스에 이르기까지, 19세기 리얼리즘의 위대한 작가들은 대부분 유의미한 형식의 질서로 포괄된 사회적 파편화의 이미지들을 제공하였고, 그럼으로써 혼돈의 파편들이 어떻게든 사회적으로 생존 가능하며 심지어 어쩌면 도덕적으로 구제 가능하다고 암시한다. 리얼리즘 소설은 (제임스가 찬탄했던) 그 외견상의 "느슨함"에도 불구하고, 너무나 촘촘하고 일관된 구조물이다. 리얼리즘 소설은 진정한 시작과 명확한 끝이 있다는 시간의 미망迷妄을 믿도록 장려하고, 상술가능한 의미가 있는 사건들로만 이루어진 것처럼 세계를 그리며, 지배적인 열정이나 능력 등으로써 (파괴되기도 하지만) 조직되는 존재로 자아를 그린다. 리얼리즘 소설이 보여주는 질서 있게 배열된 의미는 사회에 내재하는 것 같지만, 그 의미는 사실상 파괴적으로 파편화되어 있는 사회의 본질에 대한 신화적 부정이다.

인간을 해독가능한 조직체로서 신화화하는 일은 근원적으로 정치적인 전략이다. 문학과 정신분석이 둘 다 그 신화를 만드는 데 열성적으로 기여했다는 사실은, 인간을 예측하고 통제하기 위한 전제조건으로 인간을 구성하는 데 관심을 가졌던 다양한 형태의 질서에* 문학과 정신분석이 기꺼이 봉사하고자 했다는

---

* 미셸 푸코는 근대적 담론의 전개가 '인간'을 학문(과학)의 대상으로 삼고 있음을 강조하였다. 푸코가 《말과 사물The Order of Things》, 《감시와 처벌 Discipline and Punish》 등에서 주장하는 바에 따르면, 인간을 통제하고 규율함으로써 특정한 삶의 양태와 질서를 생산하는 근대적 권력의 작동은 인간을 대상으로 하는 여러 학문분과에서 축적한 지식과 밀착되어 있다. 이 장

가장 확실한 증표일 것이다. 그러므로 리얼리즘 소설에서 흔히 칭송받는 사회 비판—오노레 드 발자크Honoré de Balzac와 찰스 디킨스Charles Dickens 등의 작품에서 보이는 종종 강렬하고도 체계적인 비판—은 어쩌면, 자아란 대체 **무엇인지**에 대한 전제들, 사회 비판이 이루어질 수 있는 "장"을 생산하고 또 한정하는 전제들보다 정치적으로 중요성이 덜한 것이다. 심리 구조와 질서에 관한 신화는 사회적 무질서에 대한 모든 비평을 봉쇄하고 제한한다. 리얼리즘 소설가는 사회를 맹렬히 비판할 수도 있지만, **자아의 지도**라 할 수 있는 무언가를 그 사회에 제공함으로써 사회의 생존가능성에 중요한 기여를 한다.

그렇다면, 제임스가 밀 부인의 철학—그 자신이 쓴 소설의 독해가능성 또한 그런 철학에 달려 있을 것이다—을 너무나 강경하게 거부하면서 철학적으로 **그리고** 소설적으로 말이 안 되는 주인공을 구제하려 한다는 것은 더욱 놀라운 일이다. 지도로 그려 낼 수 없는 자아를 서사는 어떻게 다루어야 하는가? 이 문제는 제임스의 후기 소설에서 더욱 심화되는데, 특히 《비둘기의 날개The Wings of the Dove》와 《황금 주발The Golden Bowl》에서 그러하다. 소설 속 인물로서 이사벨 아처는—자신의 외양과 상황

첫머리에서 버사니가 푸코를 인용하고 있음을 상기하면, "인간을 예측하고 통제하기 위한 전제조건으로 인간을 구성"한다는 말의 뜻을 이해하는 데 도움이 될 것이다.

으로부터 자유롭지 않으므로—철저히 비의존적인 그녀의 자아 이론이 암시하는 것만큼 급진적이지 않지만, 매기 버버Maggie Verver, 그리고 특히 밀리 실Milly Theale*은 존재와 "포괄적인 상황 전체" 사이의 존재론적 간극에 대한 이사벨의 이론에 어느 정도 바탕을 두고 만들어진 인물들로 보인다. 이러한 인물들을 중심부에 위치시키는 데에는 엄청난 위험부담이 따른다. 밀리의 자기 소거self-effacement는 그녀를 소설적으로 무의미하게 만들 정도로 너무나 근원적이다. 그녀가 거의 보이지 않는 주인공인 서사와 다른 인물들을 추동하는 것은 소설 속 이해관계의 불화이지만, 그녀의 온순함은 그러한 불화에도 영향을 받지 않는 지루한 표면이 될 우려가 있다.

---

* 매기 버버와 밀리 실은 각각 《황금 주발》과 《비둘기의 날개》의 주인공이다. 큰 재산을 소유한 젊은 미국 여성 밀리 실은 불치병을 앓고 있다. 밀리는 영국으로 건너와, 케이트 크로이Kate Croy와 친구가 된다. 밀리를 아끼는 케이트는 자기 약혼자인 머튼 덴셔Merton Densher를 밀리가 사랑한다는 것과 밀리가 큰 병을 앓고 있다는 비밀을 알게 되자, 밀리에게 구애하라고 우유부단한 덴셔에게 종용한다. 재산도 지위도 없는 가난한 기자 덴셔와의 결혼을 케이트의 가족이 극구 반대하는 가운데, 케이트는 덴셔가 밀리와 결혼한다면 밀리의 재산을 상속받을 수 있을 것이라고 생각하기 때문이다. 이 '음모'는 얼마 살 수 없는 친구를 위한 케이트의 '희생'이기도 하다는 점에서 복잡해진다. 밀리는 주인공 중 한 명이지만 서사의 전면에서 플롯을 움직이는 주체로 부각되지 않으며, 밀리의 존재는 결국 자기 욕망을 소거하는 역설적 방식으로만 강조된다. 《황금 주발》의 내용은 버사니가 뒤에서 비교적 상세히 다루고 있으므로 생략한다.

그러나 자아와 그 대상관계object-relations에 대한 정신분석적 관점에서 그러한 인물을 중심에 위치시키는 위험부담을 가장 잘 이해할 수 있게 하는 작품은 무엇보다도 《황금 주발》이다. 《황금 주발》의 전반부는 젊은 미국인 상속녀 매기 버버가 남편인 이탈리아의 대공大公 아메리고Prince Amerigo와 샬럿Charlotte이 함께 자기를 배신하고 있음을 깨닫는 것으로 끝난다. 샬럿(멀 부인처럼 매우 유럽화된 인물로, 제임스에게는 흥미롭고도 위험한 인물이다)은 막 매기의 아버지와 결혼한 사이이다. 소설의 후반부는 매기가 마침내 대공을 다시 차지하고 가엾은 샬럿을 부유한 예술 애호가인 아버지와 함께 미국 중서부의 어느 형편없는 도시로 쫓아 보내는 전략적 과정을 그리고 있다. 그곳에서 샬럿과 매기의 아버지는 박물관을 만들어 예술에 대한 주민들의 관심을 북돋우게 될 것이다. 매기의 전략—이 전략이 소설의 플롯을 더욱 활기차게 만들리라고 기대할 수도 있겠으나—에서 놀라운 점은, 그 전략이 기본적으로 소설의 전개를 중단시킨다는 점이다. 매기가 하는 일이라곤, 다른 사람들이 그녀에게 건네는 점잖은 거짓, 그녀의 결혼 생활에 아무런 문제가 없다는 점잖은 거짓을 충실히 지켜 내는 것뿐이다. 사실을 사실대로 인정하는 변절은 조금도 저지르지 않는다. 다른 인물들이 서로 말의 힘으로 찌르고 계속 응수하면서 글자 그대로 문학작품을 생성하는 동안, 매기는 대화 가운데서 힘을 갖는 위치가 변동하는데도 굳이 적응하는 기미를 보이지 않는다. 그저 다른 사람이 그녀에게 믿으라고 했던 말만을 그들에게 계속할 뿐이다. 거의 무념무상이며 무관심한 이 반복은 전술적 대화의 세계를 뒤덮어서, 다른 사람 모두 입을 다물게 만들고 그가 소설의 마지막 단락에서 이야기하듯이 대공이 매기 말고는 아무것도 "볼" 수 없게 만들어 버림으로써 소설을 결말에 이르게 한다.

그렇지만 약간 멍청한 듯한 이 전략은 **정념**passion**의 활동**, 혹은 말하자면 **섹슈얼리티의 활동**이다. 성적 욕망은 제임스의 다른 여러 소설에서 그러하듯이 《황금 주발》에서도 매우 중요하다. 예를 들어 매기와 아메리고 사이에는 인정사정없는 성적 경쟁이 있다(아메리고는 아내를 성적으로 지배하여 아내가 자기와 샬럿을 내버려두게 하려 하지만 성공하지 못한다). 그리고 소설의 결말에서 대공이 매기에게 돌아가는 것은 몹시 조급한 에로스적 정념에서 나온 행위라는 것이 명백하다. 훨씬 더 문제가 되는 것은 이러한 섹슈얼리티가 자아 및 소설과 맺는 관계이다. 《황금 주발》의 후반부에서 매기는 **독해불가능한 텍스트**가 되며, 나는 그녀의 독해불가능성이 성적 집요함의 직접적 결과라고 믿는다. 다른 인물들이 끊임없이 그녀를 해독하려 하지만 소용이 없다. 그녀는 해석가능한 대화의 장에서 이탈한 것이다. 그녀는 다른 인물들을(그리고 특히 아메리고를) 매혹하지만, 바로 그 사실이 그녀의 의미와 자아를 소진시킨다. 다른 인물들은 그녀를 바라보지 않을 수 없음으로 인해서 맹목적으로 그녀를 이해하게 되지만, 그녀는 정화되고—또 강화되어—그들의 욕망을 집요하게 요구하는 존재에 지나지 않게 되는 것이다.

그렇지만 소설 속 매기의 성적, 사회적 기능에는 모종의 모호함이 있다. 그것은 《세 편의 에세이》에서 두 견해, 즉 유아기 섹슈얼리티가 오이디푸스기 이후의 성기 중심 이성애의 준비단계에 불과하다는 견해(섹슈얼리티에 대한 목적론적 관점)와 유아기 성욕의 규정불가능한 고통스러운 흥분이 성적인 쾌의 바로 그 특수성을 구성한다는 견해 사이에서 프로이트가 보였던 망설임과 유사한 모호함이다. 《황금 주발》에서 섹스는 혼인 관계에서 주어지는 형식과 의무로 형성되고 "가려"지지만, 내가 암시했듯이 어떤 제도적인 정의로부터도 벗어나 매기를 "임기응변의 '지위'" 속에 고립시킨다. 제임스는 이 지위가 오로지 "근원적 정념"의 지리학으로 그려진 사회관계의 지도에 표시된다고 설명한다.[2] 어떤 의미에서 매기는 성적인 것이 사회성 안으로 침입하는 상황을 연출하고 있으며, 무심하면서도 끝없이 뭔가를 요구하는 반복으로써 소설 자체의 해석적 언어를 붕괴시킨다. 그렇지만 지도에 표시할 수 없는 그 반복은 다른 인물들을 어떤 고정된 자세로 되돌려 놓기 위해 고안된 것이기도 한다. 즉 《황금 주발》의 후반부는, 외도를 저지르는 연인들(그들의 정념은 "사회관계의 지도" 위에 너무나 손쉽게 "표시"될 수 있다)에 의해 사회성과 소설 텍스트가 부적절하게 침식당하는 데에 대한 제임스 자신의 비평으로 읽을 수도 있고, 물려받은 사회적 형식과 제도를 엄정하고 견고하게 준수하도록 제임스가(그리고 매기가) 다른 인물들을 재위치시키는 과정으로 읽을 수도 있다. 그러므로 아메리고의 욕망이 혼인관계라는 "상황"의 "외피"를 통해서 마침내 전적으로 표출될 때 아메리고의 성적 "실수"가 목적론적으로 "구제"된다. 혹은 소설의 결말에 해당하고(소설을 끝장내고) 그들의 결혼을 일견 성스러운 것으로 봉헌하는 동시에 무의미한 것으로 만들어 버리는 매기와의 구속력 있는 결합과 비교할 때, 아메리고의 성적 "실수"는 너무나 상황적인 것임이 노출된다.

지금까지《황금 주발》을 정신분석적 알레고리로 읽었지만, 내가 관심을 갖는 알레고리적 충돌은 특정한 정념들 사이에서 또는 특정한 정신적 기능들 사이에서 일어나는 것이 아니라, 다른 두 유형의 심리학 사이의 충돌이다. 말하자면, 일반 심리학이 정신분석적 심리학과 충돌하고, 그 결과 소설 자체가 거의 작동불가능하게 된다. 지도에 그릴 수 없는 맹렬한 주변적 힘이 고도로 의식적이고 고도로 문명화된 "중심" 텍스트를 강압하여 마침내 마비시키는 것이다. 그래서 다소 뜻밖에도 제임스가 우리에게, 정신분석의 역사에서 결정적이었던 질문들을 던진다. 정신분석과 일반 사회 심리학의 관계는 무엇인가?[3] 프로이트의 발견은 인간 삶에서 주변적인 것, 이른바 병리적, **기능장애적**인 것에 대해서, 뿐만 아니라 인간의 성장과 적응의 성공적 기제에 대해서 얼마나 설명할 수 있는가? 또는 이런 질문을 가장 소박하고 기본적인 언어(멀 부인과 이사벨 아처의 논쟁에서 사용된 언어)로 정제하자면, 정신분석은 자아 구성과 대상 세계의 관계를 어떻게 이해하는가?

〈본능과 그 변화〉의 마지막 페이지, 지극히 난해한 그 마지막 페이지에서 프로이트는 이렇게 쓴다. "맨 처음에,"

> 외부 세계, 사물, 그리고 증오의 대상은 동일한 것으로 보인다. 나중에 하나의 대상이 쾌의 원천이 된다면 그것은 사랑의 대상이 되지만 또한 에고 안으로 합체된다. 그래서 순수한 쾌-에고에게 대상은 다시 한 번 외부적인 것, 증오의 대상과 동일해진다(14:136).

이 무자비한 논리는 경제적 관점의 필연적 결과이다. 만약 "증오가 대상과의 관계로서 사랑보다 유서 깊은 것이라면," 그것은 증오가 "자극을 용출하는 외부 세계에 대한 나르시시즘적 에고의 원초적 거부에서 파생한 것"이기 때문이다. 그래서 "증오 관계의 진정한 원형은 성적인 생활에서 나오는 것이 아니라 자신을 보존하고 유지하려는 에고의 분투에서 나오는 것"이다. 자기보존은 프로이트가 《쾌락원칙을 넘어서》에서 죽음 본능이라고 부르는 것과 일치한다. 외부 세계에서 유입되는 고통스러운 자극에 맞서는 에고의 보호 장치들은 무생물의 상태로 회귀하려는 모든 살아 있는 유기체의 본능적 욕구로 1920년에 실체화된다. 〈본능과 그 변화〉에서 프로이트는 "대상으로 인해 유발된 불쾌의 표현으로서" 증오가 "언제나 자기 보존 본능과 밀접한 관계에 놓인다"고 말한다(14:138-139). 경제적 관점에서 보면 에고(물론 프로이트는 1915년에 아직 에고를 자아 내부의 체계로서 논의하지 않지만, 더 일반적인 에고에 먼저 귀속되었던 속성들이 "체계 에고system ego"에 부여된다)는 현실을 다루는 어떤 독창적인 능력을 가지기는커녕 외부 세계와 근본적으로 적대적인 상태에 있다.

자기 보존 본능과 증오의 이 "밀접한 관계"의 결과로, "성적 본능과 에고 본능은 사랑과 증오의 대립을 반복하는 대립관계로 쉽게 발전할 수 있다". 그러나 이 대립관계들은 사실상 끊임없이 무너지는 어떤 확실한 차이들과 이원론들에 기대고 있다. 첫째로, 성적 본능이 우리가 대상에 계속해서 관심을 갖도록 보장한다면, 위 인용한 구절에서 프로이트가 기록하듯이 사랑의 대상은 사랑받기 때문에 "에고 안으로 통합"된다. 그래서, 관념적으로 말하자면 외부 세계는 오로지 증오스러운 대상, 증오당하는 대상들만을 포함하게 된다. 이제 우리는 분명히 두 가지 유형의 파괴를 다루고 있다. 과잉자극으로부터(어쩌면 궁극적으로는 그 모든 자극으로부터) 스스로를 보존하려는 에고의 소망에 근거하는 비성애적 유형의 파괴, 그리고 대상을 내적으로 소유하기 위한, "욕망하는" 파괴이다. 하지만 유기체와 대상의 관계라는 측면에서 보면, 에고 본능과 성적 본능은 유기체에 외적인 모든 것의 말소라는 공통의 목표를 갖는다. 그뿐이 아니다. 대상 파괴는 적어도 유아기 섹슈얼리티의 전前성기적 단계에서는 성적 흥분 자체에 내재하는 것으로 보인다. 예를 들어 구강기—"합체incorporating 또는 먹어치우기"의 환상으로 성적 흥분이 생겨나는 단계—의 사랑은 "대상의 개별적 존재를 철폐하는 것과 일맥상통한다". 또 사디즘적 항문기가 조직되는 단계에서 "대상을 향한 열망은 지배 충동의 형태로 나타나고," 프로이트의 주장에 따르면 "대상의 부상이나 소멸"은 관심 밖의 일인 반면에 "이 예비 단계에서 이런 형태의 사랑은 대상을 향한 태도에 있어서 증오와 거의 구별하기 어렵다"(14:138-139).[4]

섹슈얼리티를 이렇게 정의하는데도 에고 본능과 성적 본능이 대립관계라고 할 수 있을까? 증오(혹은 공격성)의 존재론이라 칭해도 좋을 이 내용은 섹슈얼리티의 존재론과 일치한다. 이뿐만 아니라, 만약 프로이트가《세 편의 에세이》에서 쓰고 있듯이 "공포를 야기하는 것을 포함하여 비교적 강렬한 모든 정동적 과정들이 섹슈얼리티로" 흘러 들어간다면, 외부 세계로부터 "자극의 용출"로 인해 에고에 초래된 "불쾌"도 섹슈얼리티로 "흘러 들어"간다. 역으로, 고통스럽게 흥분을 야기하는 그 모든 자극을 뿜어내는 대상을 향해 에고가 품는다고 추정되는 증오 역시 성애화의 한 가지 현상이다. 즉 〈본능과 그 변화〉에서 프로이트가 윤곽을 제시한, 이해하기 어려울 정도로 복잡한 구도 속에서 모든 것은 성적인 동시에 공격적이다. 한편으로는 구강과 항문의 섹슈얼리티가, 그리고 다른 한편으로는 과도하게 자극을 주는 세계에 대한 에고의 증오가 그러하다.

　물론 나는 프로이트의 사유에서 섹슈얼리티와 공격성의 이러한 동일성이 일반 심리학의 어떤 범주들이 지녀야 할 명확성을 파괴한다는 점을 밝히고자 하였다. 《문명과 그 불만》에서 프로이트가 "비에로스적 공격성향의 편재성"을 주장했더라도, 그는, 내가 지적했듯이, 공격적 본능의 만족이 "전능한 존재가 되고 싶다는 에고의 오랜 소망을 충족시키기 때문에 유난히 높은 정도의 나르시시즘적 즐거움을 수반한다"는 점을 인정할 수밖에 없었다. 지금 논의의 맥락에서 이 구절은 분류체계의 질서를 어지럽게 무너뜨리는 듯하다. 외적 대상에 대한 증오가 바로 그 강렬함 때문에 성애화 작용을 하는 현상이라면 그것은 논리상 일종의 **사디즘**으로 기술되어야 할 것이다. 덧붙여서, 이 증오가 에고와 세계 간 경계를 무너뜨림으로써 "전능한 존재가 되고 싶다는 에고의 오랜 소망"을 충족시킨다면 그것은 또한 일종의 나르시시즘으로 간주해야 한다. 마지막으로, 섹슈얼리티가 그 정의상 어떤 과잉이라면, 즉 에고에게 주어지는 자극의 수위와 자극을 구조화하는 에고의 능력 사이의 간극 때문에 발생하는 심리적 파열이라면, 외적 대상에 대한 에고의 증오, 이 대상들로부터 오는 자극의 에고 침투, 그리고 사랑하는 대상과 합체하려는 에고의 욕구가 모두 **마조히즘**과 동일시될 수 있다. 어쩌면 우리는 기꺼이 사디즘을 마조히즘의 투사projection로 생각하게 되었을지도 모른다. 이제 사도마조히즘을 나르시시즘의 한 가지 형식으로 이해해야 할까?[5]

여러 정의를 다시 배치하려는 것이 나의 주 관심사는 아니다. **실제로** 내가 어떤 정의들의 재조정—특히 프로이트 이론과 텍스트에서 섹슈얼리티는 적어도 그것이 구성되는 양태에서 마조히즘의 동어반복으로 간주할 수 있다는 주장—을 제시한 데 있어서, 그 재조정은 지시대상을 정확히 하거나 확증가능한 진술을 하려는 것이라기보다는 프로이트의 사색이 어떻게 그 자신의 범주들을 교란하는 방향으로 움직이는지를 지적하기 위한 것이었다. 여태까지 해온 것처럼 우리가 장 라플랑슈의 지침을 따라 섹슈얼리티의 이른바 일탈적인 "부분"—마조히즘—이 섹슈얼리티의 "전체"일 수도 있다고 주장한다면, 우리는 정신분석의 분류체계—즉 마조히즘, 사디즘, 페티시즘과 같이 추정상 분리가능한 현상을 섹슈얼리티라는 위계적으로 조직화되고 식별가능한 일반적 현상의 일면으로 각각 위치시킴으로써 가능해지는 체계—전체에 일종의 지질학적 변동을 가져오는 것이다.

어쨌든 나는 위험을 무릅쓰고 정신분석적 "진리" 구성의 과정으로서 이런 변동에 대해서 논의했다. 그리고 내 논의 안에서, 일부 프로이트의 텍스트에서 발견되는 이론적 붕괴뿐만 아니라, 명시적으로 진술된 주된 논지가 막히거나 무너진 결과 나타나는 어떤 이론적 입장에도 특권적 위치를 부여하였다. 그래서 《세 편의 에세이》에서 드러나는 섹슈얼리티의 목적론적 관점이, 쾌-불쾌의 긴장이라는 발전론적으로 생존불가능한 현상으로 섹슈얼리티를 보는 대항논지를 억압한다고 보았다. 요컨대, 나는 프로이트의 주장들을 단순히 해체하는 데 그치지 않고, 그의 가장 독창적이고 전복적인 주장들을 찾아내는 데에도— 즉 사상사에서 정신분석 자체가 지니는 특수성과 **함께** 그 가치를 찾아내는 데에도—관심이 있었던 것이다. 가장 개괄적인 의미에서, 인간에 대한 지식에 프로이트가 기여한 바는 바로 앎의 행위를 문제시했다는 점이다. 더 구체적으로 말해서, 가령 19세기 생물학이나—좀 더 일반적인 문화의 차원으로 눈길을 돌리자면—근대 서구사회 고백의 역사와 프로이트의 저작이 갖는 증명가능한 그 모든 유사성에도 불구하고, 프로이트의 저작은 인간의 사유에서 근본적으로 비작용하는inoperative 무언가*를 섹슈얼리티의 파열적 성질이라는 차원에서 설명하려는 전례 없는 시도라고 나는 믿는다. 프로이트는 가장 승화된 형태의 쾌마저도 유아독존적이고 마조히즘적인 주이상스에 존재론적 바탕

---

* 여기서 "인간 사유에서 근본적으로 비작용하는 무언가"라는 버사니의 표현은 결국 사유과정에서 작동operate하면서도 사유의 실효성을 스스로 파괴하거나 부정하는 내적모순을 유발하는 어떤 힘을 가리키는 표현이다. inoperative라는 말의 사전적 정의를 생각하면, '작동하지 않는' 무언가, 혹은 '효력이 없는' 무언가라는 뜻이 되겠지만, 버사니가 말하는 이 힘은 무위無爲로 향해 가는 역설적 움직임이라는 점에서 작동하지 않는 것이 아니다. 또한 스스로를 무효화하는 것이라는 점에서 효력이 없는 것 역시 아니다. 그래서 굳이 원문 표현 역설을 살려, '비非작용하는 무언가'라고 옮겼다.

을 둔다고 주장함으로써 쾌가 원래 사회적인 것이라는 견해를
전복한다. 주이상스는 사회적으로나 인식론적으로 "쓸모없는"
그러나 무한히 유혹적인 반복 속에서 인간 주체를 고립시킨다.

어쩌면 우리 작업은 텍스트 속에서 그러한 생각이 자아내는
압박으로부터 그러한 생각의 "진실" 여부를 도출해 내는 것 이
상도 이하도 아니었다. 어떤 의미에서는 그것이야말로 정신분
석 이론과 실천의 목표이다. 즉 여러 종류의 교란된 텍스트에
숨은 기획이 있음을 확인하는 일 말이다. 정신분석의 형식적 차
원과 경험적 차원에나 프로이트 저작의 언어적 작용과 심리학
적 진실에 본질적 차이는 있을 수 없다. 정신분석적 진실은 오로
지 텍스트상의 곤혹으로서만 분석─그리고 검증─될 수 있기 때
문이다. 그러므로 내가 일부 프로이트 주장을 형식적, 또는 "문
학적"으로 해체하는 데서부터 가령 마조히즘적 섹슈얼리티의
진화론적 기능에 대한 언술로 나아간 것은 첫눈에 보이는 것만
큼 큰 인식론적 비약은 아닐 수도 있다. 텍스트 밖에서의 그런
움직임은 합당하다. "모든 것이 텍스트"이기 때문이 아니고, 혹
은 심지어 모든 정신의 현상이 어떻게든 언어 작용과 "유사하
게" 조직되었기 때문도 아니며, 오히려 정신 작용에 대한 담론
의 텍스트 외적 진실이 필연적으로 담론 자체의 움직임에 의해
서 그려지기 때문이다. 전에도 말한 적이 있었지만, 만약 프로이
트가 욕망 이론의 진실이 그 이론의 수행에서 드러나는 자기 부
정의 움직임과 불가분의 관계임을 증명한다면, 어떤 이론이든

막론하고 모든 이론화에 저항하는 압박에 대한 "앎"에 접근하는 최적의 길은 이론적 수행의 변화를 통해서이다. 이에 상응하여—문학 비평에서도 그러하며 이는 절대 부차적 사실이 아니다—정신분석은 형식적, 텍스트적 비평과 윤리적 비평을 학문적으로 구분하는 유행에 저항하기 위한 최적의 논리를 제공한다. 형식의 움직임의 지도를 그리는 것은 앎의 실패에 관한 모종의 앎을 **고정시키는** (어쩌면 불가능하지만 그만큼 필요한) 노력인 동시에, 지도 그리는 사람이 그러한 실패에 대해 보이는 인내의 불가피한 증명이다. 비평적 방법의 선택은 이미 윤리적 비평의 실천이다.

우리가 살펴본 것은 정의를 내리는 과정—프로이트의 이원론들뿐 아니라 정신을 이드, 에고, 슈퍼에고로 구조화하게 된 데도 책임이 있는 그 과정—자체가 프로이트의 저작에서 전략적 역할을 한다는 점, 그리고 그 전략이 정신분석적 진실을 억압하기도 하지만 동시에 정신분석에 의해서 설명될 수 있다는 점이다. 〈본능과 그 변화〉는 이 점의 다른 예를 보여 줄 것이다. 그 글에서 프로이트는 이렇게 쓴다. "성기중심의 조직화가 정착되기까지 사랑은 증오의 반대항이 되지 않는다." 이는 생식기의 헤게모니가 정착하기 전까지 증오가 사랑이라는 의미가 아니다. 도리어, 사랑과 증오의 관계는 전-성기적 단계에서 대립관계라고 **논리적으로** 기술될 수 없다는 뜻이다. 사랑과 증오는 상이한 심리적 경로에서 발달하였고, "상이한 원천에서 나왔다"[

증오는 세계에 대한 에고의 자기보존적 저항에서, 사랑은 성적 본능에서 나왔다(14:138-139)]. 그렇다면 그 둘의 혼합은 섹슈얼리티 자체를 구성하는 것이 아니라, 구강기와 항문기라는 특정한 "예비적" 단계들과 연관된 일종의 발전론적 사고, 마치 그 둘의 경로가 하나인 듯 보이게 만드는 우연한 사고라고 프로이트가 제안하는 것일 수 있다.

여기서 나는 다음과 같은 점을 강조하고자 한다. 프로이트가 성기중심의 조직화에서 **사실**로 제시하는 사랑-증오의 대립관계는 성기중심성genitality의 **관념적 특성**이라고 간주할 수도 있을 것이다. 프로이트의 도식에서 성기 단계로의 심리적 진입은 유아기 섹슈얼리티의 억압에 달려 있다. 생리학적으로 볼 때 성기중심성은 새로운 유형의 쾌감, 즉 사출의 쾌감을 알려 준다. 더 정확히 말하자면 성기중심적 조직화는 성적으로 이중적인 체제이다. 대체로 쾌가 전-성기적 쾌를 구성하는 긴장의 완화로 재정의되는 반면에, 성기중심적 쾌감의 일부는 긴장의 수위를 유지하거나 심지어 순간적으로 증가시키는 데에서 온다. 그리고 그 이중적 체제가 지니는 양면의 관계를 차이가 곧 대립이라는 식의 환상적 판본으로 만들어 버리면서, 성기중심성 자체 내부에서 유아기 섹슈얼리티의 억압이 다시 연출되는 듯하다. 더 정확히 말해서, 유아기 섹슈얼리티의 억압은 성적인 쾌의 두 가지 체제의 대립관계라는 환상을 반복하는 동시에 은폐하는 이원론적 사고 과정에 의해 성기중심성 안에서 **징후적으로 표출**된다.

우리는 대체로 해독불가능한 인간 섹슈얼리티의 지도 위에서 너무나 흔히 발생하는, 기능과 기능장애의 교차를 또다시 마주하게 된다. 나는 섹슈얼리티의 기반이 되는 마조히즘이 삶 자체에 대한 위협인 동시에 삶을 보호하는 진화론적 정복이라고 주장했다. 이와 유사하게, 최초의 대상 관계가 증오로 시작하고 끝난다 해도, 유아기 섹슈얼리티는 또한 우리를 사회관계 안으로 진입시킨다. 자양분을 주는 어머니에 대한 최초의 자기보존적 애착심과 세계에 대해 나중에 갖게 되는 다양한 형태의 탈성애적 관심 사이에 유아기 섹슈얼리티가 다리를 놓기 때문이다. 기능적 측면과 기능장애적 측면 사이를 기묘하게 오락가락하는 섹슈얼리티의 세 번째 예를 다음에서 찾아볼 수 있다. 사출이라는 성적 체제는 종의 재생산이라는 필요에 봉사한다. 그러나 개인적 혹은 개체발생적 관점에서 볼 때, 성적 "성숙"은 바로 섹슈얼리티의 "기반"에 대한 어느 정도의 억압에 의존할 수 있으며, 또 성적 흥분의 집요한 마조히즘적, 생산적 반복을 상징화할 수 있게 해 주는 개념적 양태의 억압에 의존할 수도 있다. 예를 들자면 프로이트에서 억압의 증표는 그 자신의 이원론이 지니는 징후적 성격을 간파하지 못했다는 점일 것이다. 그는 인간의 삶에서 사랑-증오의 대립관계의 등장을 발전론적으로 자리매김했지만, 지극히 의미심장한 그 자리매김의 행위는, 말하자면, 그 행위 자체의 자리에 대한 의문(즉 그런 자리매김이 사랑을 증오의 반대항으로 개념화하는 억압에 의존할 수도 있다는 점에 대한 의문)

으로 이어지지는 않는다. 우리가 대상과 맺는 관계의 여러 단계를 기술하는 담론은 특정한 성적 체제(성기중심성)에 수반하는, 의식의 규제적 움직임을 묘사한다. 동시에, 근원적으로 다른 성적 체제 및 근원적으로 다른 의식의 움직임을 정리로 형식화하기 위해 허용가능한 유일한 논리적 조건들을 만들어 내는 것으로 그런 움직임을 규정한다.

《에고와 이드》는 프로이트가 인간 주체가 세계와 최초로 맺는 열정적 애착관계를 기반으로 자아의 이론을 상술하는 주요 저작이다. 성격personality에 관한 프로이트의 구조적 이론은 내가 보기엔 정신분석을 규범화하려는 또 다른 시도이다.《세 편의 에세이》에서 섹슈얼리티에 대한 목적론적 관점이 섹슈얼리티를 마조히즘으로 구성된 것으로 보는 관점을 억눌렀던 것처럼, 그리고《쾌락원칙을 넘어서》에서 삶 본능과 죽음 본능의 이원론이 성적인 것에 내재하는 파괴성향을 가려 버렸던 것처럼, 구조로 설명하려는《에고와 이드》의 의도는 어쩌면 상상불가능할 수 있는 차이와 반복의 정신분석적 동일성을 체계화된 정신적 차이에 대한 서사적 발전론으로 변형시킨다.

프로이트가 자아 내부의 특정한 체계로 에고를 재정의한 것은 정신분석의 역사에서 중요한 결과를 초래했다. 특히 에고의 적응 능력의 발달과정을 그려 보려는 미국 에고 심리학자들의 시도, 그리고 정신분석을 일반 심리학으로 변형시키려는 꾸

준한 시도 등이 그것이다. 그러나 에고란 정확히 무엇인가? 프로이트에 따르면, 에고는 한편으로 "정신적 과정들의 일관된 조직"이다. 그것은 "정념들을 포괄하는 이드와 대조적으로, 이성과 상식이라 지칭되는 것을 대표한다". 마지막으로, "지각체계와 에고의 관계 때문에, 에고는 정신적 과정에 시간적으로 질서를 부여하고 정신적 과정이 '현실테스트'를 거치도록 한다"(19:17, 25, 55). 하지만 에고의 기원 및 에고, 이드, 슈퍼에고의 관계에 대한 프로이트의 기술은 이렇게 정상화 기능을 수행하는 에고의 능력에 중대한 의문을 품게 만들었다. 에고로 지칭되는 체계는 정동의 폐기물로서 생겨나게 된다. 프로이트는 상실된 대상이 "에고 안에 다시 정립되었다. 즉, 대상 카텍시스cathexis*가 동일시로 대체되었다"는 가설로 우울melancholia을 설명했던 사실을 환기한다. 〈슬픔과 우울Mourning and Melancholia〉(1915)을 쓰던 시기에 그는 "이 과정의 전체적 의미를 이해"하거나 "그것이 얼마나 흔하고 전형적인지" 깨닫지 못했다고 덧붙인다. 이제 그는 대상 카텍시스가 동일시로 대체되는 것이 "에고가 어떤 형태를 취하는지를 결정하는 데 큰 몫을 하며, 그것이 에고의 '성격'이라 불리는 것을 생성하는 데에 필수적인 기여를 한다"는 점을

---

* 카텍시스의 독일어 Besetzung는 '자리를 잡게 만듦'이라는 뜻으로, 어느 한 대상에 대한 리비도, 즉 성적 에너지의 "집중이자 투자"를 말한다[강우성, 《불안은 우리를 삶으로 이끈다》(문학동네, 2019), 65-67쪽 참조].

이해하게 된다. 실제로 다음 페이지에서 프로이트는 "에고의 성격은 버려진 대상 카텍시스의 침전물이며, 그것은 그 대상 선택의 역사를 포함한다"고 주장한다(19:28-29).[*]

  이러한 내면화의 기능은 무엇인가? 〈슬픔과 우울〉에서, 또 《에고와 이드》의 에고 형성에 대한 설명에서 그것은 "상실된" 혹은 "버려진" 대상 카텍시스의 문제이다. 여기서 내면화는 (구강기에서 합체의 환상과 같은) 욕망의 한 가지 양태가 아니라, 포기된 욕망의 전략이다. 에고의 내면화는 상실에 바탕을 둔다. 그 내면화는 이드를 속이기 위해 고안된 것이다. "에고가 대상의 특성들을 띠게 될 때 에고는, 말하자면, 스스로를 이드에게 사랑의 대상으로 강요하는 것이며, '이봐, 나를 사랑할 수도 있잖아. 내가 대상과 이렇게 비슷해.'라고 말하면서 이드의 상실을 상쇄하려는 것이다. 에고의 대상 동일시는 그렇다면 이드가 원하는

---

[*] 〈슬픔과 우울〉에서 프로이트는 상실한 대상을 내면화함으로써 상실을 부인하는 기제로 우울을 설명한다. 이는 상실한 대상에게서 리비도를 철회하여 다른 대상에게 투자할 수 있게 하는 에고의 애도 과정과 대비되는 것으로 제시된다. 그러나 이후 《에고와 이드》에서는, 상실한 대상을 이렇게 내면화하여 동일시하는 과정이 에고 안에 축적되어 에고 자체의 성격을 형성한다는 쪽으로 논의를 수정한다. 버사니가 여기서 주목했던 내용은 이후 주디스 버틀러의 글에서 오이디푸스적 주체의 필연적 우울 및 성적 주체의 퀴어함 자체를 설명하는 논의로 활용된다. 특히 《젠더 트러블Gender Trouble》(문학동네, 2008)의 〈프로이트와 젠더 우울증〉, 《권력의 정신적 삶The Psychic Life of Power》(그린비, 2019)의 〈우울증적 젠더/거부된 동일화〉를 참조하면 좋겠다.

합체의 모사물simulacrum이고, 유혹의 행위로서 이루어진다. 그러므로 이 동일시가 탈성애화 작용을 하는 동시에 나르시시즘적이라고 묘사하는 프로이트의 설명에서 명백한 모순이 발견된다. 이런 동일시는 분명히 "성적 목표의 포기"를 암시하지만, 말하자면, 이드가 속아서 탈애착화되어 내면화된 대상을 사랑하게 되는 것이며, 그러므로 "대상리비도가 나르시시즘적 리비도로 변형"됨으로써 탈성애화에 맞서 작용한다(19:30).

성적 기만의 이 작은 드라마는, 미국 정신분석가 머튼 길Merton Gill이 지적했듯이, 구조 이론 내 각각의 체계를 "물화된 초소인(호문쿨러스)"**으로 취급하는 의인화의 완벽한 사례이다.[6] 하지만 에고와 이드의 관계에 대한 프로이트의 설명을 심리적 현실의 순진한 알레고리화로 읽는 대신에, 우선 우리는 그가 정신을 3요소로 구성된 것으로 보는 견해를 상술하는 동시에 "에고와 이드의 차이를 너무 엄격한 의미로 받아들[이거나], 에고가 이드에서 특별히 분화된 일부임을 잊어서는 안 된다"고 여러 번 상기시킨다는 점에 주목한다. 마찬가지로, 슈퍼에고는 "에고 속의 한 차원, 에고 내부에서 차별화된 것"이다(19:38, 28). 다시 말해 프로이트는 특별한 종류의 반복을 묘사하는 것처럼 보이

** 호문쿨러스homunculus는 르네상스 시대의 연금술 등 유사과학이나 민간 설화 등에서 인간의 정액에 들어 있다고 믿었던 초소인超小人, 즉 아주 작은 인간을 가리킨다.

며, 텍스트는 그 반복이 체계적 차이들의 구조로 발달한다고 공식적으로 주장하려는 것이다. 프로이트가 에고라고 부르는 것은, 대상이 없는 일종의 대상 관계이고, 엄밀히 말하면 관계도 없는 대상 관계이다. 대상이 상실된 후에 전유되어버렸기 때문이다. 에고는 움직이지 않는 대상을 외부에서 내부로 이동시키는 수집가이다. 에고는 세계를 욕망하는 대신에 뱀파이어처럼 세계를 빨아들이는 것이다.

현상학적으로 보면 이런 작용은 의식의 반성적 움직임, 정신 내부의 쪼개짐, 의식 자체의 움직임을 부정하면서 그로부터 의식을 분리하는 작업을 요구하는 듯하다. 에고의 대상 동일시는 욕망을 정지시키는 욕망의 반복이다. 에고와 외부세계의 관계는 그렇다면 처음부터 지극히 모호한 것이다. 《에고와 이드》의 두 번째 장에서 프로이트는 에고가 "지각 의식Perception-Consciousness의 매개로 외부 세계에서 가해진 직접적 영향력에 의해 수정된 이드의 일부분이고,[7] 어떤 의미에서 그것은 표면 차별화surface-differentiation의 연장"이라고 말한다. 또한, "에고는 무엇보다도 우선적으로 몸의 에고이다. 그것은 단지 표면적 실체가 아니라 그 자체로 표면의 투사물이다"(19:25-26). 다시 말해, 프로이트가 그리는 정신의 지형도에서 에고는 세계와 몸의 접촉으로 가장 직접적 영향을 받는 정신 기제의 일부분에 불과한 것이 아니다. 에고는 신체 표면의 정신적 투사물이기도 하다. 에고는 지각과 감각을 단순히 등재하기만 하는 것이 아니다. 에고는 지각 과정 자체의 목록 또는 저장고이기도 하다. 에고는 몸과 세계의 접촉을 메타 지각의 구조 속에서 환상으로 반복한다. 에고는 표면이 아니다. 에고는 **표면의 심리적 모사물이다.** 마찬가지로, 에고의 성격을 형성하는 대상과 에고가 맺는 관계는 이드가 대상과 맺는 관계의 재연이라 할 수 있다. 두 경우 모두—즉 몸에서 에고가 파생되는 경우나 이드에서 에고가 파생되는 경우나—세계와의 관계는 굳어져 고정된다. 세계 내 몸의 움직임들이 건축구조물이 되거나, 혹은 탈-카텍시스된 내적 대상이 하나의 집단을 형성하는 것이다.[8]

　프로이트가 슈퍼에고라 부르는 것은 그와 똑같은 작용의 반복으로 보인다. 슈퍼에고는 에고와 마찬가지로 대상 카텍시스가 동일시로 대체됨으로써 생성된다. 프로이트가 다소 우유부단하게 "에고 속, 또는 에고와의 관계 속, 슈퍼에고의 특별한 위치"라 부르는 것은 두 가지 요소에 빚지고 있다. 슈퍼에고는 ("에고가 아직 연약하던 시기에 이루어진") "최초의 동일시"이며, "오이디푸스 콤플렉스의 계승자"(즉 이드의 오이디푸스적 대상 카텍시스의 저장고)로서 슈퍼에고는 "가장 중요한 대상들을 에고 속으로 들어오게 한다"(19:48). 이 둘 사이의 관계가 모호하지 않은 것은 아니다. 프로이트가 실제로 1927년의 논고 〈유머Humour〉에서 이야기하지만, 슈퍼에고는 에고의 "핵"(그리고 에고 "최초"의 동일시)인가, 아니면 나중에, 오이디푸스 단계 이후에, 말하자면, 에고 위에 혹은 에고 속에 생겨난 것인가? 《보들레르와 프로이트$_{\text{Baudelaire and Freud}}$》*에서 나는 "오이디푸스 단계 이후 슈 퍼에고의 이상적 특성, 박해하는 속성은 최초에 구성된 자아에 서 그 유사성을 찾아볼 수 있다"고 주장했다. 거울단계에서 자 아 소외를 통해 일어나는 자아 생성에 대한 라캉의 견해를 참조 하여, 나는 이렇게 주장했다. "슈퍼에고를 만들어 내지 않고서는 총체적 자아를 구성하기가 불가능하다. 완전하고 통일된 총체 적 자아는 즉 이상적인 자아, 다른 자아이다."[9] 이제 이 점을 구 조적 이론의 차원에서 다시 정리하자면, 프로이트가 체계화해 서 슈퍼에고라고 부르는 것은, 에고의 부정과 동일시를 촉발하 는 동시에 끊임없이 반복하는 의식의 움직임이라고 할 수 있다.

상실한 사랑의 대상을 대체하는 동일시는, 두 가지 의미에서 이상화$_{\text{idealization}}$라 할 수 있다. 그것은 대상을 탈현실화$_{\text{de-realize}}$ 하고, 또 대상의 욕망가능함$_{\text{desirability}}$과 더불어 대상의 접근불 가능성을 기리는 것이다. 대상을 욕망하는 환상은 **욕망가능하나 이미 상실된 대상으로서의 자아에 대한 환상** 속에서 반복된다. 한 편으로 자아는 우월한(즉 사랑받는) 대상과의 동일시로 강화된 다. 그리고 자아의 나르시시즘적 충동이 충족된다. 다른 한편으 로, 대상을 향한 능동적 추구는 가망 없는 갈망으로, 일종의 수 동적인 혹은 더 정확히 말해 사후적死後的인 자위自慰로 대체된

---

* 버사니의 책. *Baudelaire and Freud*, Berkeley: University of California Press, 1977.

다. 상실한 사랑의 대상과의 동일시는 본질적으로 자기 처벌이다. 사랑의 충동을 봉쇄하는 것이 자아가 사랑받을 대상이 될 수 있는 전제조건이기 때문이다. 욕망은 욕망의 대상을 전유하는 바로 그 움직임에 의해서 부정되고 차단된다. 더 정확히 말하자면, 이처럼 모호한 탈성애화의 과정에서 대상은 그것을 탈-카텍시스화하는 바로 그 움직임에 의해서 다시 성애화된다(즉 나르시시즘적으로 그리고 마조히즘적으로 다시 카텍시스화된다). 이러한 동일시의 나르시시즘적 쾌는 그러므로 마조히즘적 쾌와 분리불가능하며, 대상 카텍시스가 동일시로 대체되는 어쩌면 불가피한 이 현상은 인간 발달의 기능장애적 측면으로 분류되어야 한다. 다시 말해, 좌절된 충동이 개인 정체성의 구성을 위한 매개체가 되는 것은 그러한 모사 혹은 동일시에 의해서이며, 이러한 모사와 동일시는 또한 섹슈얼리티의 마조히즘적 기원을 연장하면서 공고히 한다. 개인의 발달과정에서 "상급" 단계로 나아가야 하는 구조적 필요성의 형태로 말이다.

오이디푸스 단계 이후의 슈퍼에고는 이 과정에 발달사적 정당성을 부여하는 중요한—그리고 매우 위험한—임무를 수행한다. 프로이트는, "슈퍼에고는 … 이드의 최초 대상 선택의 잔여물에 불과하지 않고, 바로 그 선택에 맞서는 활기찬 반작용 형성을 대변하는 것이기도 하다"고 쓰고 있다. 그의 주장에 따르면 에고 이상ego-ideal 은 오이디푸스 콤플렉스를 억압해야 했기 때문에 에고를 향해 이렇게 말한다. "'너는 이래야(네 아버지와 같아야) 돼.'" 뿐만 아니라 "그것은 또한 금지를 만들어 낸다. '너는 이래서는(네 아버지와 같아서는) 안 돼, 즉 아버지가 하는 대로 다 해서는 안 돼. 어떤 것[우리는 그게 무엇인지 안다]은 그의 특권이야'"(19:34). "아버지와 같아야 되지만 아버지와 같아서는 안 된다"는 이 모순적 이중 명령의 불가능성은 존재론적 불가사의를 신적인 법divine Law의 "언어"로 변형시킨다. 이 슈퍼에고의 계율에 복종하기는 불가능하다. 그것은 서로를 무효로 만드는 알 수 없는 두 개의 연속적 진술로만 정식화될 수 있다. 욥Job에서 카프카Franz Kafka에 이르기까지, 복종을 불허하는 절대적으로 불가해한 법에 우리 문명이 매혹된다는 것은, 정신분석적 차원에서 보자면 어쩌면 독특한 인간적 고난의 전치된 판본이다. 그 고난은, 전적으로 접근불가능하고 전적으로 회피불가능한 우리 욕망의 대상들, 타자인 동시에 우리를 타자화하는 대상들이 우리 안에 거주하고 우리를 구성한다는 바로 그 사실이다. 오이디푸스 콤플렉스의 신화는 이 기괴하고 불가피한 불가능성을 인간 발달의 **목표지점**으로 제시한다. 마치 오이디푸스 단계의 일차적인 동일시가 공격성향을 영구화하는 심리작용이 아니라, 공격성향을 초월하는 경로를 구성하기라도 하듯이 말이다. 오이디푸스 단계 이후 슈퍼에고는 전-오이디푸스 단계의 공격성향을 합리화한다. 그것은 대상 상실을 대상 금지로 변형시키고, 그럼으로써 욕망의 대상을 처벌의 수행자로 만드는 바로 그 의식의 작용에 대해 영원히 죄의식을 갖게 만든다.

그뿐이 아니다.《문명과 그 불만》에서 프로이트는 (우리가 1장에서 살펴보았듯이) 슈퍼에고를 에로스적이고 공격적인 에고의 충동을 통제하는 내면화된 도덕적 권위로만 보지 않고, 에고가 그 도덕적 권위를 마음대로 공격할 수 있게 해 주는 환상의 과정이라고도 보았다. 진정한 공격성향의 억제, 그리고 슈퍼에고의 정립은 공격적 충동을 거리낌 없이 만족시키기 위한 가장 효과적인 전략일 것이다. 이런 관점에서, 과도한 혹독함—더 정확히 말해서, 제어되지 않은 공격성향—은 교육이나 치료의 통제에 종속될 수 있는 것이 아니다. 그것은 슈퍼에고의 존재이유 raison d'être이다. 어쩌면 그 특정한 "체계"는 정말 일종의 마조히즘적 쾌로서 대상의 파괴를 무한히 반복할 수 있는 그런 대상관계의 한 가지 형식일 것이다.

프로이트는 문명에서나 심지어 개인에 대한 분석에서나 이 파괴성향을 통제할 가능성에 대해 점점 더 회의하게 되었다. 그러므로《이드와 에고》에서 오이디푸스 단계 이후 슈퍼에고—이 슈퍼에고는 내가 주장하였듯이 섹슈얼리티의 마조히즘적 기원을 문화적, 윤리적 명령으로 변환한다—가 지극히 **불확실한 발달**로 제시되는 것은 더욱 놀랍다. 내가 염두에 두고 있는 부분은 제3장의 매우 놀라운 몇 페이지인데, 여기서 프로이트는 에고, 슈퍼에고 형성에서의 동일시와 대상 카텍시스 사이의 관계에 대해 그가 주장했던 바를 근거로 삼아, 오이디푸스 콤플렉스에 대한 정신분석학적 설명 전체를 거의 전복하다시피 한다.

"남아에게서 나타나는 단순하고 긍정적인 오이디푸스 콤플렉스"—즉 "아버지에 대한 양가적 태도 및 어머니에 대한 순수 애정의 대상 관계"—의 형성에 대해 논의하면서 프로이트는 어머니에 대한 남아의 대상 카텍시스가 결국 "어머니와의 동일시 혹은 아버지와의 더욱 강화된 동일시"로 대체될 수밖에 없다고 강조한다. 정신분석은 "후자의 결과가 더욱 정상적이라고 여기는 데에 익숙"하지만, 그는 남아의 아버지 동일시와 여아의 어머니 동일시가 "버려진 대상을 에고 안으로 유입하지 않으므로 우리가 예상하던 것은 아니"라고 덧붙인다(19:32).

이 점을 어떻게 이해해야 할까? 장 라플랑슈처럼 우리는 오이디푸스 단계 형성과 그 이후의 성적 선호 사이의 관계에 대한 고전적 관점을 수정하게 될 수도 있다. 상실한 욕망의 대상과 동일시한다는 규칙에 따르면, 다음과 같이—이는 라플랑슈의 주된 주장이다—말해야 할 것이다. 이른바 남아의 긍정적인 오이디푸스 콤플렉스는 동성애(욕망의 대상인 오이디푸스적 어머니뿐 아니라 그녀의 욕망을 내면화한 결과)로 이어지는 반면, 남아의 부정적 오이디푸스 콤플렉스(아버지를 향한 사랑이 지배적 애착관계인 경우)는 이성애적 대상 선택으로 이어진다. 이성애 남성은 아버지를 영구히 내면화했기 때문에 바로 아버지의 욕망을 본뜬 이성애적 대상 선택을 하는 것이다.[10]

프로이트가 이런 주장까지는 하지 않지만, 그는 아이가 사실상 오이디푸스 구도 속에서 라이벌과 동일시하지 않을 수도 있음을 시사하고, 그럼으로써 자신의 이론을 급진적으로 수정한다. 그렇지만 그는 이처럼 수정된 내용을 이 저작의 나머지 부분에서나 그의 여생 동안 대체로 무시한다. 대단한 추론적 위험을 무릅쓰는 단락에서 프로이트는 오이디푸스 콤플렉스의 이른바 정상적인 결과를 인간 발달에서 철저히 우발적인 위상으로 강등시킨다. 그는 이렇게 쓰고 있다. "단순한 오이디푸스 콤플렉스는 결코 가장 흔한 형태가 아니며 분명히 현실적인 목적에서 아주 흔히 정당화되는 단순화 혹은 도식화를 보여주는 것"이라는 "인상을 받게 된다". 프로이트에 따르면 이 단순한 도식을 복잡하게 만드는 것은 양성애bisexuality이다. 모든 사람에게 양성애 기질이 있기 때문에 모든 아이는 긍정적 오이디푸스 콤플렉스와 부정적 오이디푸스 콤플렉스를 다 경험한다. 그래서 오직 라이벌만을 내면화한다 해도 결국에 부모 양쪽을 다 내면화하고 말 것이다. 남아에게 부정적 오이디푸스 콤플렉스에서 욕망의 대상인 아버지는, 말하자면 긍정적 오이디푸스 콤플렉스에서 라이벌인 아버지로 가장하여 이미 동일시의 대상이 되어 있다. 이에 덧붙여, 프로이트가 애매하게 모종의 "여성적 성적 기질"이라 부르는 것은 또한 남아를 부정적 오이디푸스 콤플렉스에서 라이벌인 어머니 대신에 **사랑의 대상**인 아버지와 동일시하도록 이끌어 갈 가능성도 있다. 자신의 사유에서 갑자기 프루스트식* 선회가 일어난 데 대해 프로이트가 불평하듯 말하는 것도 무리가 아니다. "최초의 대상 선택과의 동일시에 연관된 사실들을 명확히 파악하기가 어려워지고 그 사실들을 기술하기가 더욱 어려워지는 것은 양성애 기질로 인해 생겨나는 이 복잡한 요소 때문이다. 어쩌면…" 프로이트는 계속해서 이런 결론에 다다른다. 그의 최종적 추론의 중대한 함의가 이제 확실히 드러나는 것이다.

> 부모와의 관계에서 드러나는 양가감정은 전적으로 양성애 기질 때문이라고 보아야 할 것이며, 그것은 내가 위에서 밝혔듯이 라이벌 관계의 결과인 동일시에서 나오는 것이 아니라고 할 수 있다(19:33).

그러나 이것이 사실이라면, 오이디푸스 단계 이후 슈퍼에고가 법과 관련해서 갖는 행위주체성agency은 어떻게 되는가? 내가 앞에서 제시했던 동일시 과정 자체에 대한 내용(즉 에고가 봉쇄된 혹은 부정된 욕망의 구조적 은유라는 내용)에서 이런 모든 사실로 인해 달라지는 것은 없다는 것에 주목해야 한다. 하지만 프로이트적 슈퍼에고에 의해 필연적으로 얼마나 많은, 어떤 유형의 공격성향이 고삐가 풀리는지에 대해서는 심각한 의문이 생기게 된다. 사실, 빈사상태나 다름없는 에고 자체의 성질—탈-

---

* 대표적인 모더니즘 작가 마르셀 프루스트Marcel Proust의 유명한 '의식의 흐름' 기법을 염두에 둔 버사니의 비유로 보인다.

카텍시스된 대상 선택들이 묻힌 일종의 공동묘지 같은 에고의 위상―은 내가 방금 언급한 단락에서 제시된 내용, 즉 대상 관계가 애초부터(섹슈얼리티의 기원에서부터, 그리고 섹슈얼리티의 본질상) 대단히 불안정하다는 주장으로 인해 문제에 봉착하게 된다. 욕망에 내재하는 무관심, 대상을 향한 무관심** 덕분에, 세상에 대한 우리의 욕망관계가 유동적이고 실험적일 수 있다. 질 들뢰즈Gilles Deleuze와 펠릭스 가타리Felix Guattari는 중요한 저작《안티 오이디푸스Anti-Oedipus》에서 욕망이 필연적으로 오이디푸스 콤플렉스의 차원에서 "기록"된다는 생각을 신랄하게 공격했다.[11] 사실 그런 차원에서조차 욕망은 불안정한 상태로 있다. (트라우마가 초래될 정도로 과도한 어떤 전-오이디푸스 단계 어머니의 사랑만이 아니라) 오이디푸스 단계의 대상 관계 자체가 그처럼 가볍고 변화무쌍한 동일시를 우리에게 훈련시키고, 그것이 "성격"이라는 저주에서 우리를 구원할 수 있다. 그래서 레

** 버사니가 욕망의 "무관심"이라 표현하는 내용은, 대상을 욕망하면서도 사실상 그 대상이 구체적으로 무엇인지에 상관하지 않는 욕망의 유동적 속성을 가리킨다. 욕망이 본질적으로 대상에 고정되어 있지 않다는 프로이트의 명제는 일찍이《세 편의 에세이》에서 천명되었으며(94쪽 참조), 욕망이 본질적으로 이성이나 동성을 그 대상으로 고집하지 않는다는 차원에서 욕망이 원천적으로 이성애적이거나 동성애적일 수 없음을 강조한다. 욕망은 특정 대상에 투자되고 부착될 수 있다(이것을 카텍시스라고 부른다). 하지만 그 관계가 본질적으로 고정된 것이 아니기 때문에 욕망은 대상을 바꿀 수 있으며, 이처럼 대상이 변경될 수 있다는 사실 때문에 정신분석 이론에서 욕망은 유동적인 것, 무관심한 것, 난잡한promiscuous 것 등으로 묘사된다.

오나르도가 오이디푸스 **콤플렉스**의 가짜로 심각하고 가짜로 안정된 정념과 질투에 그토록 부적격한 인물이 되는 것이다.

긍정적 오이디푸스 콤플렉스는, 아이와 부모 사이의 내재적으로 유동적이고 불안정하며 심지어, 프로이트가 시사하듯, 이해불가능한 관계의 편집증적 해석이다. 오이디푸스적 부모는 우리가 이미 내면화하고 이미 동일시한 부모의 환상 판본이다. 오이디푸스 단계 이후의 슈퍼에고는 열정적으로 변동하는 어린 시절의 열정적인 대상 관계를 오이디푸스 이야기의 선형적 서사 안에서 고정시키는 환상의 절정이다. 이것을 달리 표현하자면, 오이디푸스 콤플렉스가 오이디푸스적 관계의 이해불가능성을 억압한다는 말이 될 수 있을 것이다. 그러므로 〈나르시시즘 서론〉에서 프로이트가 말하듯, 이상화는 "억압을 지지하는 가장 강력한 요소"이고, 그 이유는 단지 "이상의 형성이 에고의 요구를 고양"시키기 때문일 뿐만 아니라(14:95), 이상화를 수행하는 자기성찰적 움직임이 이미 욕망의 반-성애적 판본이며 성적 파열을 트라우마적이긴 **하지만 이해가능한** 판단으로 해석하는 일이기 때문이다.

정신분석이 서구사회의 인간 주체에 대한 푸코적 계보에서 혁신적 역할을 하게 된다면, 그것은 정신분석이 우리의 본성을 섹슈얼리티의 차원으로 설명(이런 설명은 "인간 본성"을 정의하려는 노력의 역사에 단순히 한 가지 학설을 더할 뿐이다)하기 때문이 아니라, 성적인 것 자체가 인간 주체를 구성하는 노력 자체를 심오하게 교란하는 것이라고 정의하기 때문일 것이다. 그럼에도, 프로이트의 저작을 자세히 들여다볼 때마다 우리는 정신분석적 텍스트가 제도화한 문화적 담론의 혁명에 거스르는 작업을 하고 있는 프로이트를 발견하였다. 정신분석 이론은 처음부터 에로스화된 정신분석적 텍스트에 대한 억압적 해석이 될 위험을 무릅써 왔다. 정신분석 이론이 그 텍스트를 섹슈얼리티에 대해서 설명하는 이론으로 읽기 때문이다. 달리 말해서, 정신분석 이론은 스스로의 해독불가능성에 대한 사색 속에 존재하는 정신분석의 혁명적 성격을 부인한다. 프로이트에서 《문명과 그 불만》은 전통적인 철학 담론의 언어를 단순히 현대화하는 기이한 야심의 가장 극적인 사례였다.

심리학에 대한 프로이트의 독특한 재정의는 비해석적인 심리적 "장"nonhermeneutic psychic "field", 바로 그가 섹슈얼리티라고 호명한 "장"의 윤곽을 그리는 것으로써 이루어졌다. 그 장 안에서 인간 주체는 구성적 특성상 방향성을 잃고 적응하지 못하는 존재이다. 그렇지만, 애초부터 프로이트의 텍스트 그리고 의사로서의 프로이트의 이력은 모두 이 재정의와 반대되는 주장을 하고 있다. 그 둘은 정신분석을 일반 심리학의 해석적 장 안에 재위치시킨다. 하르트만과 더불어 미국의 하르트만 추종자들은 정신분석이 일반 심리학의 영역에 속한다고 자랑스럽게 주장하곤 했다.[12] 임상 이론이라는 것은, 본래 반反서사적인 정신분석의 섹슈얼리티 개념을 서사로 만든다. 성적인 것을 지워 버림으로써 정신분석학은 규범화된다. 《성욕에 관한 세 편의 에세이》에서 프로이트에게 "길을 잃게" 하는 그 개념, 막혔으면서도 생산적인 쾌에 대한 사유 대신에 욕망에 대한 자신 있고 체계적인 해석을 내세움으로써 정신분석이 규범화되는 것이다. 섹슈얼리티의 여러 "단계"에 대한 목적론적 관점을 보여주는 《세 편의 에세이》에서부터 쾌와 죽음을 등치시키는 《쾌락원칙을 넘어서》, 그리고 의식의 구조화를 "탈-카텍시스화"하는 《에고와 이드》에 이르기까지, 프로이트 자신도 성적인 것을 역사적 서사, 심리적 구조 안에서 길들이고 합리화하는 기획을 끈질기게 추구해 나간다. 그리고 정신분석을 (욕망의 유동적 반복을 담론적으로 예시하는 것이 아니라) 욕망의 **발전사**로 만듦으로써, 그는 임상치료의 소급적 목적론을 위한 형식적 기반을 마련했다. 즉 그는 고아가 된 담론에 계보를 제공하는 조직화 및 해석의 원칙들을 제공한 것이다.

정신치료요법psychotherapy에서, 방황하는 발화는 이야기로 전환된다. 임상치료의 일화들—특히 병력 기록의 서사적 형식—은 프로이트 자신의 텍스트 속 서사화 과정을 꼭 닮았다. 프로이트 자신의 논지 실패를 억압하고, 그의 담론이 반복적이고 강렬한 정신분석적 무의미 속으로 "추락"하는 것을 억압하는 서사화 과정을 빼닮은 것이다. 모호하게 경험적인 임상치료의 일화들은 추론적 진실과 무관하다. 성적인 것을 서술하고 그럼으로

써 구조화하려는 프로이트 시도의 붕괴는 그의 텍스트가 섹슈
얼리티라는 주제를 고수하고 있다는 증표인 것이다. 정신분석
의 구체성은 정신분석이 분류학으로는 효력을 갖지 못하게 만
든다. 비록 정신분석의 역사가 대체로 그 무효성에 대한 거대한
부정의 역사이긴 했지만 말이다. 프로이트의 사상은 그 기원에
있어서 의학에 "기대어 온"(의학에 의존적으로 anaclitically* 밀
착되어 있었던) 담론의 혁명이며, 의학은 발전과정에서 프로이
트 사상에 기생적으로 밀착관계를 형성하였다.[13] 의료적 정신분
석의 문헌만큼 정신분석 텍스트와 이질적인 것은 없으며, 그래
서 나는 프로이트를 이론적 논쟁의 역사 안에 위치시키는 것보
다 예를 들자면 말라르메, 제임스, 파솔리니의 텍스트와 나란히
놓고 보는 편이 더욱 적절하다고 보았다. 언급한 예술작품들과
마찬가지로 프로이트의 텍스트는 담론적 권력의 실천이면서도,
권력을 만들어 내는 지식으로서의 자격을 스스로 차지할 수 없
다는 불가능성을 전복적으로 지시한다. 프로이트의 작업은 철

---

*   anaclitic은 프로이트 이론에서 대상에 대한 애착/의존유형(독일어
    Anlehnungstypus)을 뜻하는 개념이며 "의존적", "의탁적" 등으로 번역할
    수 있다. 기댄다는 뜻의 희랍어 ἀνάκλιτος(anáklitos)를 어원으로 한다. 애
    초의 사랑이 식욕 등 생존에 관한 욕구에 기대어 생성된다는 의미에서 생겨
    난 개념이다. 생존을 가능하게 하는 자양분과 온기를 제공하는 어머니 혹은
    그에 해당하는 사람을 욕망의 대상으로 삼는 대상 선택이 바로 "의존적" 유
    형이며(14:87), 나르시시즘적 대상 선택과 대조를 이루는 개념으로 사용되
    기도 한다.

학으로서—아니면 실로 그 어떤 "진지한" 문화적 담론으로서
—스스로 왜 그토록 근원적으로 오락가락하는지 그 이유를 수
행적으로 보여주는 것이다.

정신분석을 제도화하고 정신분석 담론을 일상화해서 얻을 수
있을 막대한 이윤에 대해 정신분석이 갖는 경계심은 물론 또 다
른 "이야기"의 주제일 것이나, 그 이야기를 여기서는 하지 않으
려 한다.[14] 1923년쯤 되면 정신분석의 권위가 이미 "새로운 프
로이트의 세상"을 창조한 셈이었고, 그것은《에고와 이드》가 제
공하는 에고 구조의 위안을 기반으로 삼아 정신분석의 진리를
한층 더 안정화하고 길들일 준비가 된 세상이었다. 이처럼 길들
이려는 움직임을 내가 프로이트 그 자신에게서 발견하고자 했
다면, 그것은 그런 움직임을 "규탄"하려는 의도에서라기보다는,
안정화되고 있는 그 텍스트적 요소들에—즉 거의 억눌려 버린
프로이트 사유의 독창성에—더 가까이 다가가려는 바람에서였
다. 이 점을 역설하고 나니, 가령 미국식 에고 심리학을 요약하
거나 구조적 이론의 미국 내 변천사를 요약하는 것보다는, 이제
말라르메를 "대상 관계"의 시인으로 간주하면서 프로이트를 다
시 한번 말라르메와 나란히 놓는 것으로 이 분석들을 마무리하
는 것이 적절할 듯하다.

《이지튀르Igitur》*에서부터 삼부작triptych에 이르기까지, 말라

---

* 《이지튀르》는 시적 영감과 더불어 죽음과 존재를 탐구하는 정신의 명상적

르메는 고독한 존재가 방 안의 사물들에 기울이는 것과 같은 종류의 주의력에 대해 생각해 보라고 거듭 요청한다. 말라르메의 시에서 사유의 존재론은 종종 지각의 서사로써 전적으로 수행된다. 사물의 현존에 관한 그의 의심은—데카르트 이론에서처럼—사유와 세계의 실재를 시험하기 위한 고의적, 전략적 조치가 아니라, 그 자체로 세계의 실재에 대한 그의 믿음이 만들어 내는 움직임이다. 프로이트를 반反리얼리즘적으로 읽자고 주장하였지만 나는 잠시 말라르메의 리얼리즘을 옹호하고자 한다.

삼부작의 소네트들은 부재不在라는 주제를 변주하는 것으로 보인다. 방 안의 몇몇 사물들이, 부재하는 다른 사물들에 대한 일종의 포일foil** 로서 언급된다. 첫 번째 시의 "번쩍거리는 까치발 시렁"은 방 안에 다른 빛이나 불이 없음을 가리킨다. 소네트 II에서 꽃병을 언급하는 이유는 오직 그것의 비어 있음에 우리가 주목하게 하기 위해서다. 마지막 소네트에서—여기 인용한 것처럼—레이스 커튼을 열면 침대의 "영원한 부재"를 맞이하게 된다.

여정을 그리는 말라르메의 미완성 작품(1870)이며, 버사니가 "삼부작"이라 부르는 것은 말라르메의 소네트sonnet 삼부작이다.

** 포일은 특정 대상을 돋보이게 하는 배경 혹은 비교 대상물을 말한다.

레이스 한 겹이 사라져
숭고한 유희의 의혹 속에서
신성모독 마냥 슬쩍 열어 보이는 건
침대의 영원한 부재뿐.

꽃장식 하나와 똑같은 다른 하나 사이에서 벌어지는
이 간단없는 하얀 갈등은
창백한 창유리로 달아나
감추는 것보다 더 많이 나부낀다.

그러나 금빛으로 꿈을 꾸는 이에게
슬프게 잠든 만돌린의
텅 빈 음악적 허무.

그리하여 어느 창가에서
다른 어느 배 아닌 제 배에서
아들 같은 누군가 태어날 수 있었을 것을.

그러나 불, 장미, 침대의 부재는 시인에게 어떤 종류의 현존을 주목하거나 생산하게 하는 계기가 된다. 이 소네트들의 전반적인 주제는 부정성negativity과 탄생의 관계이다. 삼부작은 말소 혹은 탈실재화하는 의식의 움직임을 출산의 행위로 수행한다. 세 편의 시가 마지막 소네트의 클라이맥스를 이루는 시어詩語

"태어남naitre"을 점차적으로 정당화하는 것이다. 소네트는 임박한 새벽의 불확실한 빛 속 만돌린의 "텅 빈 허무"에서 (만돌린 자신을 포함하는 무언가가) "태어날 수 있었을 것"이라고이라고 선언한다. 예술의 자양분이 되는 부정성은 어쩌면 유예된 부정성이다. 새벽의 어슴푸레한 빛은 사물의 정체성과 위치에 대한 생산적인 의심을 자아내고, 사물을 전유하여 전폐시켜 버렸을 의식의 움직임을 어쩌면 그래서 중단시킨다. 마치 사물을 절멸시키는 정체성의 확인identification이 여기에서 발생하였으면서도 완성되지 않은 것처럼 말이다. 말라르메는 세계로부터 자신을 떼어내는 사유의 부정의 힘에서 또 그 자신을 떼어낸다. 혹은 정신분석의 언어로 말하자면, 그는 프로이트적 지형학에서 외적 대상을 탈-실재화한 결과물인 그 유령 같은 내적 대상들을 탈-실재화하는 것이다. 삼부작은 의식에 내재적인 아이러니에 대한 아이러니를 수행한다. 혹은, 다시 한 번 프로이트의 언어로 말하자면, 상실된 세계를 대체하는 빈사瀕死의 대상물로 에고가 스스로를 아이러니하게 제시할 수 있도록 하는 대체 형성에 대한 아이러니를 수행하는 것이다.

프로이트의 사유에서와 마찬가지로 말라르메의 시에서 대상의 상실은—그리고 결과적으로 세계를 어떻게 읽을 것인가에 대한 안정감의 상실은—대상을 향한 욕망의 기능이다. 삼부작에서, 성적인 암시는 지각의 명료함과 의미의 소재를 밝힐 가능성 모두를 파열하는 작업과 외연을 함께 한다. 지각이 에로스적

이 되면서 지각의 논리를 교란한다. 예를 들어 소네트 III에서 침대의 부재로 인해 달아오른 동시에 좌절된 성적 에너지는 두 번째 연에서 다소 산만할지언정 의미를 풍성하게 하는 지각의 유동성을 결정하는 것일 수 있다. 이 파열이 만들어 내는 공간은 불확실한 혹은 미심쩍은 형체들의 공간, 현존하지도 부재하지도 않는 형체들, 삼부작이 미적 공간의 본보기로 함축적으로 제시하는 것 속에서 유예된 형체들의 공간이다. 에로스화된 지각의 변별적인 움직임들이 이미 예술일 수도 있다. 말라르메의 시는 형태를 만들어 내는, 혹은 질서를 부여하는 예술의 힘을 드러내는 동시에 그 힘을 가늠할 수 없게 만든다. 삼부작은 거창한 역사적 자아의 상실을 애도하는 것으로 시작하지만, 세 번째 시 끝부분에 이르면 시 전체의 주제가 작가의 탄생이었음을 알 수 있게 될 것이다. 작가는 부정의 사유가 지니는 보충적 에너지 및 보충적 휴지기休止期 속에서, 또 그러한 에너지와 휴지기로서, 탄생한다.

삼부작 속 미심쩍은 형체들은 부인된 것이 아니다. 말라르메의 작품에서 사고의 부정성의 궁극적 논리는《이지튀르》에서 구체화된다. 하지만 말라르메는《이지튀르》보다 한 발 더 나아간다. 이는 물론 그가 그만큼 나아가기를 거부한다는 말이기도 하다. 그는 부정성에 대해서 정교하게 아이러니하며, 의식이 지니는 이 보충적 굴곡은 세계의 현존을 다시 긍정하는 기이하고도 중요한 효과를 초래한다. 그리고 삼부작이 시사하듯 그 재긍정이 에로스적 호기심을 자극할 수밖에 없으므로, 우리는 부정성을 다루는 말라르메의 아이러니한 방식이—그리고 불확실하지만 부인할 수 없는 세계를 향한 이미 유동적인 탐닉을 자신의 예술에서 기꺼이 드러내려는 자세가—인간 욕망을 가리키는, 특히 문명화되고 특히 사회적인 기호라고 할 수 있을 것이다.

결론

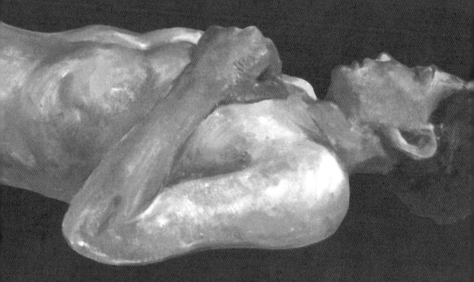

마조히즘의 미학? 어쩌면 그럴 수도 있다. 어쨌든 나로서는 그런 껄끄러운 딱지를 제안하는 즐거움, 절대 무시할 게 못 되는 그런 즐거움을 포기하는 편이 더 낫다. 프로이트에 대한 이 독서가 예술에 대한 비평적 성찰에 어떻게 이득이 될 수 있을지를 한층 명시적으로 정리하기 위해서라면 말이다. 2장에서 제기했던 질문으로 돌아가 보자. 마조히즘적 성적 긴장을 상술하는 동시에 영존永存하게 하는 것으로서 미학을 이야기한다는 것은 무슨 의미일까? 대체로 나는 베케트, 말라르메, 파솔리니의 〈살로〉, 헨리 제임스, 아시리아의 조각상 등 일련의 다채로운 사례를 제시함으로써 이 질문에 답했다. 그 사례들의 다채로움을 "축소"하지 않으면서—또는, 나를 어느 한 "비평적 위치"와 단단히 동일시하지 못하게 하는 장점일지도 모를 내 분석의 어떤 비일관적 요소들을 지워버리지 않으면서─나는 생물학적인 것으로부터 미학적인 것으로의 이행, 예술작품에 대한 나의 모든 언급 속에 당연히 전제되어 있는 그 이행을 "말하는" 모험을 감행하고 싶다. 예술에서 의식은 어떻게 섹슈얼리티를 전유하는가? 달리 말하자면, 문명화한 담론의 가장 정제된 형식, 가장 공들여 만들어 낸 형식에서 인간 주체의 전前언어적 파열의 흔적을 어떻게 식별할 수 있는가?

프로이트의 저작에서 가령 제임스와 〈살로〉에 대한 내 해석을 명시적으로 지지해 주는 내용은 미미하다. 그 이유는 부분적으로 프로이트의 저작에 승화에 대한 지속적 논의가 없었기 때문이기도 하고, 문학과 시각 예술에 대한 그의 논의가 예술이 지니는 보상적, 징후적 성격을 강조하는 편이었기 때문이기도 하다. 승화의 기제가 억압과 징후 형성 기제와 구분 불가능하게 보이는 경우는 매우 흔할 뿐 아니라, 예술작품은 종종 마치 그것이 사회화된 증상인 것처럼 "취급된다treated".* 즉 해석되고, 또 거의 치유된다cured고도 말할 수 있을 것이다. 프로이트가 승화를 억압과 명백하게 구별하는 몇 대목이 그래서 나에겐 특히 흥미로웠다. 나는 레오나르도 다빈치에 대한 논고에서 프로이트가 했던 말, 승화에 있어서 유아기 성적 탐구를 종결짓는 "강

---

* 버사니가 사용하는 표현 treat에는 대상을 '취급하다/다루다'의 뜻과 함께 환자를 '치료하다'의 뜻도 있다.

력한 성적 억압의 파동"으로부터 "성적 욕망의 구성 본능"이 빠져나오고 그것이 "처음부터 지적 호기심으로" 변모한다는 말을 라플랑슈가 강조했었다는 사실에 특히 주목하였다. 그러나 레오나르도에 대한 프로이트의 글에서 어쩌면 가장 흥미로운 점은—지금쯤이면 프로이트 논고의 대부분에서 내가 가장 흥미롭게 여기는 점이 바로 이것이라는 사실이 뚜렷할 터인데—성적 에너지의 산포로서의 승화와 그처럼 승화된 행위가 "유아기 성적 탐구라는 본원적 콤플렉스"와는 구분되는 것이라는 생각 사이의 관계를 뚜렷하게 규정하지 못하는 그 사변적 혼란이다. 프로이트는 레오나르도를 진정한 승화의 일례로 보면서도, 그의 그림을 그 "본원적 콤플렉스"의 상당히 뻔한 반복으로 취급한다. 그 반복은 프로이트가 이 글과 다른 글에서 개괄했던 규범적 발달의 차원에서 보자면 정말 "신경증적"으로 여겨질 수밖에 없는 반복이며, 그것은 만족스러운 오이디푸스적 발달을 통해 강박적이고 고통스럽고 심지어 트라우마적인 전-오이디푸스 단계의 질문들을 "넘어선" 사람의 승화보다 덜 바람직한 것으로 여겨지는 것이다.

말하자면 공식적으로 프로이트는 안전한 언술의 기예라 할 만한 것에 충실하다. 그것은 괴테의 문학이 어쩌면 가장 잘 예시하는데, 프로이트는 몇몇 교설적doctrinal 논점들에 대한 일종의 시적 확언으로 괴테의 문학을 자주 인용한다. 예술에는《문명과 그 불만》의 인류학적 야심,《쾌락원칙을 넘어서》의 생물학적 이원론, 섹슈얼리티를 길들여 목적론적 서사로 만드는《세편의 에세이》에 대한 미학적 짝패가 될 만한 평온한 완결성이 있다. 나는 첫째로, (물론 이것은 훨씬 더 발전시켜야 할 논점이지만) 철학적, 미학적 표현의 이러한 이상이 성적 미결정성에 대한 전-오이디푸스 단계에서의 억제에 의존한다고 주장하고자 한다. 둘째, 그것이 오이디푸스적 욕망의 포기에 절대로 필요한 거세 불안에 내재하는 피해망상paranoia(내면화된 오이디푸스적 아버지와 에고의 관계에 끈질기게 존속하는 피해망상)을 드러낸다는 점이다. 그리고 마지막으로, 바로 그것이 일종의 메타 담론 ─가령 욕망을 주제로 다루면서도 욕망에 본질적인 요소인 탈구dislocation로부터 자유로운 담론─으로 제시되는 까닭에, 승화되어 숭고한 이 표현 형식은 탈신비화를 수행하는 해석에 유난히 취약하다는 점이다. 즉, 우리가 살펴보았듯《문명과 그 불만》에 특별히 적용가능한 것과 같은 "증상 분석"에 유난히 취약하다는 말이다. 이 초월의 담론이야말로 억압의 담론이며, 그러므로 바로 그 담론이야말로 스스로 자신 있게 상술하는 분석 기술의 탁월한 대상이 된다. 물론 **다른 용도로**─즉 성공적으로 탈성애화되지 못했다고 여겨지는 담론과 재현 형식을 위해─사용하라고 내놓는 분석 기술이지만 말이다.

그러나 레오나르도의 경우, 프로이트는 레오나르도의 작업을 훼방한 바로 그 "문제"가 그림의 관건이라고 생각하고 싶은 것이 분명하다. 프로이트에 따르면, 그 화가의 유년 시절 아버지의 부재는 어머니라는 존재에 대한 아이의 결론 없는 탐구에 종지부를 찍어줄 '법', 유익한 억제를 가하는 '법'이 없었음을 의미한다.* 그 결과 레오나르도는 어머니의 사랑이 초래하는 에로스화의 충격을 표상적으로 반복하는 수많은 시도, 어머니와 자신 모두를 그 파열적 쾌의 경험에 위치시키는 시도이기도 한 그 실험적이고 트라우마적인 동일시를 되풀이하는 "운명에 처한 것"이다. 그렇지만 레오나르도에 관한 논고가 지향하는 불명료한 결론은, 억압되지 않은 성적 에너지로서의 승화는 사실 아버지의 "부재" 혹은 오이디푸스 단계에서 금지를 시행하는 '법'으로 아버지가 구체화되지 못하는 데에 기대고 있다는 점이다. 이른바 지배적인 오이디푸스 구도의 실패나 적어도 예속을 필요로 하는 것이다. 그래서 레오나르도 작품 속 어머니와 아이, 남자와 여자 정체성의 애매한 관계의 유희가 생겨난다. 레오나르도에 대한 프로이트의 모호한 연구는 다빈치가 과학이든 예술이든 어느 한 가지 기획을 완결 짓지 못했다는 사실에 불만을 토로하다시피 하는 태도를 취하지만 그와 동시에, 모종의 비성공적 반복 또는 잘못된 복제—에로스적으로 트라우마를 유발하는 인간 주체, 그리고 에로스적으로 트라우마를 겪은 인간 주체를 밝혀내려는 반복적 시도—가 레오나르도의 미적인 힘의

---

* 버사니의 원문에서 대문자 Law(아버지의 법, 금지를 명하는 법)로 표기되었기에 '법'으로 강조하였다.

원천이었음을, 그래서 그의 예술적 성취가 모종의 **재현 실패**에 (의해 억제된다기보다) 의존하는 것임을 시사하지 않을 수 없는 것이다.

나는 〈목신의 오후〉에서 목신의 음악적 승화가 성욕의 억압적 대체물 혹은 증상이라기보다는 그 성욕의 연장임을 말라르메가 암묵적으로 제시하는 데서 그러한 재현 실패가 나타난다고 이야기한 바 있다. 발생한 적이 없을 수도 있는 성적 만남을 되풀이하려는 목신의 시도는 흥미롭게도 그 만남의 중요성을 생산적으로 기각해 버리는 결과로 이어진다. 목신의 음악을 대체물로서 형성된 것 또는 관능적 충동의 위장된 증상으로 간주할 수 없다. 도리어 그 반대이다. 목신의 음악은 그 관능적 충동을 더욱 가시적으로 반복한다. 이 가시성은 내가 말했듯 리얼리즘적 야심으로부터 목신이 아이러니컬하게 분리된 결과이다. 그래서 승화된 성적 에너지에 모종의 아이러니를 포함하는 것은 에로스적인 것을 미적인 것으로 만드는 데 결정적인 요소일 수 있다. 목신의 예술에서 욕망은 욕망에 대한 의식으로서, 파열을 유발하는 에로스적 환상의 조건들을 부분적으로 안정화하는 의식으로서 반복된다. 다시 말해서, 아이러니는 에로스적인 것 안에서 모호하게 형식을 만들어 내는 원칙으로 작용하는 것이다. 섹슈얼리티(의 "너머"가 아니라)와 외연을 같이 하는 것으로서의 승화에 대한 이론에서 미적인 것은 형식적 성취가 아니라 지속적으로 위협받는 활동, 즉 에로스화된 의식이 의식의 조건들 사이의 관계에 대한 지각을 통해 잠정적으로 구조화되게 하는 활동이다.

이런 관점에서 정신분석적 비평이란 텍스트 "뒤에" 숨은 소원과 불안을 밝혀내는 열쇠를 찾는 일이 아니라 텍스트를 가장 단호하게 피상적으로 읽는 일일 것이다. 그것은 계속해서 사라졌다가 다시 나타나는 관계들과 형식들을 따라가는 일이다. 그것은 욕망의 정체를 밝히는 문제가 아니다. 예술작품 자체가 욕망을 숨기기 위해서 존재하는 것이 아니라, **욕망을 가시화하기 위해서 존재하기 때문이다.** 가장 원초적인 차원에서, 만약 성적인 것이 파열을 유발하는 (혹은 심리적으로 트라우마를 유발하는) 쾌를 복제하는 시도라면, 예술은—그리고 나는 〈목신의 오후〉에서 이 점이 매우 명시적으로 드러난다고 믿는다—바로 그 복제를 복제하는 시도이다. 즉 예술은 길들이고 문명화하는 자아 인식의 기획으로서 섹슈얼리티의 복제지향적 움직임을 반복한다. 예술은 그럼으로써 생물학적 마조히즘을 아이러니한 자아성찰로 변화시킨다. 예술은 성적인 것을 지각가능한 형식으로 반복해 냄으로써 성적인 것을 해석한다. 그리고 우리가 비평이라 부르는 것은, 형식을 만들어 내는 예술의 기획을 그 기획의 덧없는 가시성에 대한 아이러니한 인식으로 반복함으로써 예술을 해석한다. 그러므로 비평적 해석은 자의식적 반복의 또 다른 실천이며 말하자면 심화된 아이러니를 그 반복 속에 품고 있는 것이다. 흥미롭게도 이 복제 과정에서 가장 추상적이고 가장 세련되고 심화된 형태의 아이러니는 바로 비평이 어떤 의미에서 또한 생물학적인 것에 가장 가깝다는 점이다. 예술의 형식화가 성적인 것을 문화적인 것으로 바꾸는 비억압적 변형을 재현한다고 말할 수 있는 반면에, 비평적 자의식(물론 이것은 예술 자체의 내부에 존재한다고 덧붙여야 하겠는데, 나는 장르를 구분하는 것이 아니라 자아성찰의 여러 단계를 구분하는 것이다)은 형식을 만들어 내는 기획 자체가 문제라는 점을 항상 인식해야 하기 때문이다. 더 엄밀히 말하자면, 정신분석적 지향을 가진 비평은 예술이 이미 보여주는 일, 욕망의 정체를 재현적으로 밝히는 일을 반복하는 데서 그치지 않고, 그처럼 정체를 밝히는 과정 속의 욕망이 초래하는 "탈-형식de-forming"와 "탈-정리dis-formulating" 효과를 밝혀내야 한다. 비평은 문화적 승화로 위장된 욕망의 이름을 드러내는 것이 아니라, 형식의 소거erasure of form를 예술 속에서 찾아내는 자아 성찰의 계기이다. 혹은 더욱 급진적으로 이야기하자면, 비평은 예술 안에서 인간 욕망이 가시화하지 못하게 하는 위협을 추적함으로써 인간 욕망의 존재론을 드러낸다.

이러한 시각에서 보면, 정신분석의 추론적 텍스트는—그리고 특히 프로이트의 추론 작업은—우리 시대 비평적 예술의 텍스트로 여겨질 수 있을 것이다. 물론 "비평적"이라는 말로 나는 방금 제시한 자아 성찰의 의미와 텍스트성의 역사에서 결정적 사건이라는 의미 모두를 포괄한다. 라플랑슈가 정신분석을 문화직 승화 이론을 개괄하는 것으로서만이 아니라 승화 형식의 역사에서 나타난 새로운 계기이자 새로운 운동으로 논의하면서 염두에 두었던 것은 아마도 후자의 의미와 상통하는 것이었으리라. 이 책에서 나는 프로이트 텍스트를 마치 한 편의 예술 작품처럼 다루었다. 내가 이렇게 말하는 것은, 프로이트가 욕망에 대한 다소 과학적인 이론가로서 흥미롭기보다 "작가로서 더욱 흥미롭다"거나 프로이트 텍스트가 문학사에 "속한다"는 의미가 아니다. 나는 정신분석이 어떤 문학적 전통을 계속 이어 간다고 여기지 않는다. 또 예술이 정신분석보다 우선한다고 주장할 생각도 없다. 익숙한 문학 분석의 기술을 정신분석 텍스트에 단순히 적용하는 것을 정당화할 수 없는 것처럼, 정신분석의 진단 도구를 사용해서 문학 텍스트를 거칠게 다루는 것도 정당화할 수 없다(그리고 우리가 한편으로 가령 항문애anality, 억압된 동성애, 오이디푸스 단계의 갈등을 진단하건, 또는 한층 더 세련된 분석으로 원초적 사고 과정의 형식적 특성을 진단하건 별반 다르지 않다). 오히려 프로이트의 저작은 특별한 종류의 미적 텍스트이다. 그것은 형식을 생산하려는 인간 충동에 인간의 섹슈얼리티가 미치는 전복적, 탈안정적 효과에 대한 이론 속에서 섹슈얼리티의 요동perturbations을 안정화하고자 한다. 결과적으로 텍스트 속 그 어떤 "계기"에도, 성적인 것의 형식적 복제는 이미 재현적 담론 자체의 위태로움, 형식적 관계의 붕괴를 반영하는 (그리고 그 붕괴에 반영되는) 움직임이다.

하지만 우리가 살펴보았듯, 이론적 재현 그 자체 안에 상당한 긴장이 존재한다. 한편으로 내가 억압적 담론이라고 여기는 것, 혹은 인간 욕망 및 문명과 그 욕망의 적대관계에 대해 프로이트가 추론하여 서사로 만들어 낸 것이 있다. 거기에 나는《세 편의 에세이》의 규범적, 목적론적 성 발달 이론,《쾌락원칙을 넘어서》에서 죽음 같은 정지상태로 쾌를 환원하고 에로스의 통합적 힘 속으로 섹슈얼리티를 포섭한 내용,《에고와 이드》에서 지형학적 구분을 제시하고 오이디푸스 콤플렉스를 중심 개념으로 삼은 내용을 모두 포함시키겠다. 나는 프로이트 사유의 이런 측면들이 욕망의 "그릇된" 재현이 아니라, 도리어 섹슈얼리티의 존재론을 인간 욕망의 역사에서 삭제하고자 하는 움직임, 인간 발달에서 나타나는 억압적 움직임의 충실한 이론적 반영이라고 여긴다. 이런 움직임은 내가 전에 오이디푸스-이후의 완결성이라고 칭했던 것과 상응한다. 좀 더 문화적인 용어로 풀어보자면, 성적인 것의 마조히즘적, 비서사적 기반, 영원히 복제지향적인 기반의 억압은 또한《문명과 그 불만》이 말하는 개인의 행복과 문명의 우울한 대립, 억압된 것의 귀환으로 이해되어야 할 것과 부합한다. 억압된 것은, 쾌에 대한 요구와 역사에 대한 요구의 모든 충돌이 지니는 대립적, 파괴적 성질에 대한 인류학적 우화에서 생물학적 마조히즘의 위장된 재등장으로 귀환한다. 그렇지만 다른 재현의 흐름도 작동하고 있다. 그 여러 흐름은 정의하기 매우 어렵지만, 예를 들면《문명과 그 불만》의 본문에 달린 각주들의 전복적 효과에서, 또 성적 쾌의 마조히즘적 성격에 관한 반복적이고 가로막힌 추론이 《세 편의 에세이》 속 프로이트의 목적론을 훼손하는 데서 찾아볼 수 있다. 두 경우 모두, 섹슈얼리티에 대한 일종의 취약하고 동어반복적인 성찰이 인간 욕망의 이론화, 성적인 것을 이미 길들여 문명과 개인에 관한 역사적 서사로 변형시키는 이론화를 교란하고 있다.

마지막으로, 이 두 사례가 시사하듯이 프로이트에 있어서 텍스트로 섹슈얼리티를 재현하는 대립적 모델들은 재현 자체의 붕괴를 보여주는 대립적 해석의 모델로 읽을 수도 있다. 즉 각각의 모델은 예술에 대해 우리가 논의하는 방식과도 관련이 있는 비평적 과정을 암묵적으로 제시한다. 다른 한편으로 프로이트의 사유체계는 파생적 비평의 전통을 정당화하기도 하고 촉진하기도 한다고 생각할 수 있다. 즉 생물학적 혹은 역사적 압력이나 포괄적 제약의 효과 또는 침전물로, 아니면 프로이트가 시작한 비평적 전통의 경우엔 오랫동안 묻혀 있던 욕망의 효과 또는 침전물로 예술을 설명하고자 하는 비평인 것이다. 이런 관점에서 보면 프로이트의 심리학 이론은, 플라톤까지 거슬러 올라가는 철학적 전통, 숨어 있는 심오한 본질적 진리Truth의 그림자일 뿐이라고 가시적 현상을 평가절하하는 전통의 정점을 이룬다. 정신분석 임상요법 내에서 이 전통의 가장 극단적인 판본은 아마도 아이들의 놀이를 분석하는 멜라니 클라인Melanie Klein의 태도일 것이다. 임상치료사는 놀이 뒤에 숨은 "진실"을 발견하는 즉시 해석함으로써 아이의 오락적 유희를 중단시킨다. 이 모든 사례에서 재현의 붕괴는 물론 유사$_{pseudo}$ 붕괴이다. 인위적인 담론이 한층 진실된 담론으로 대체되는 것일 뿐이며, 텍스트의 이해가능성에 조금이라도 손상이 있었다면 그것은 텍스트의 해석학적 전유가 만들어 내는 더 나은 이해가능성으로 상쇄되고도 남는다.

다른 한편으로, 나는 프로이트가 아주 다른 종류의 해석 모델을 제공한다는 주장을 하고자 했다. 이 모델은 내가 방금 요약한 더 친숙한 모델만큼 뚜렷하지는 않지만, 어쩌면 그것은 그 모델이 발화불가능한 것으로의 회귀라 할 수 있는 것을 발화하려는 시도를 드러내기 때문일 것이다. 무의식적 폭력이 인간의 삶 속으로 터져 들어가는 것을 설명하려는 프로이트의 시도가 이해불가능한 텍스트성이라는 형식, 진전 실패, 불안과 고뇌에 찬 논쟁, 가로막힌 논쟁의 형식을 취하는 바로 그 순간만큼 기이한$_{unheimlich}$ 것은 없다.* 우리는《세 편의 에세이》에서 프로이트가 쾌의 속성에 대한 결론을 내리지 못할 때,《문명과 그 불만》의 제7장에서 슈퍼에고의 공격성에 대한 정의를 내리면서 오락가락할 때,《에고와 이드》의 제3장에서 기막힌 텍스트적 움직임을 통해 오이디푸스 콤플렉스 자체가 갖는 해설적 효능

---

* 이때 '기이함'은 프로이트의 'unheimlich', 즉 흔히 영어로 'uncanny'로 번역되는 개념을 가리키는 것이라고 버사니 자신이 괄호 안에 명시한다. 프로이트의 우리말 번역본 전집에서는 〈두려운 낯설음〉을 참고하면 된다.

을 일시적으로 희생시킬 때, 바로 그러한 순간을 목격하였다. 정신분석적 지향을 가진 비평에서 그러한 대목들은 내가 헨리 제임스를 논의하다가 정신분석적 심리학이 일반 심리학으로 침입하는 현상이라고 칭했던 것, 흔히 지도로 그려 낼 수 없는 맹렬한 주변적 힘이 "중심적" 텍스트를 압박해 들어가는 현상에 우리가 주의를 기울일 수 있도록 해 준다.

그렇지만 이 침입을 인식가능한 것과 인식불가능한 것 사이의 대립으로 지나치게 도식화하여 환원할 수는 없다. 아시리아 궁전 부조작품들에서 보았듯이 그것은 일종의 동요된 불규칙적 형식주의에 의해 서사 흐름이 전복되는 형태를 취할 수도 있다. 그리고 이런 형식주의는 역설적으로, 재현불가능한 심리적 파열의 문화적인 유사물類似物이다. 하지만 어쩌면 여기서 패스티쉬pastiche에* 대해 이야기해야 하리라. 간주체적 "충격"에서 유발될 때마저도 인간 주체를 돌이킬 수 없이 개인적인 마조히즘적 주이상스 속으로 밀어 넣고 마는 그 심리적 파열 말이다. 아시리아 예술의 형식적 세련은 바로 그 주이상스를 "상기"시킨다. 그러면서 그것은, 내가 추론했던바, 섹슈얼리티의 기반인 폭력을 인정하기 거부하는 우리의 파국적 증상이기도 한 **역사적**

---

* 패스티쉬는 혼성모방이라고도 하며, 음악, 미술, 문학 등 여러 장르에서 기존의 여러 작품이나 대상을 혼합적으로 모방하고 엮어 새롭고 아이러니컬하게 만들어 낸 작품을 가리킨다.

폭력으로부터 주의를 분산시킨다. 아시리아인들은 서사화된 역사의 폭력을 다수의 끊임없이 움직이는 형식적 접촉으로 대체함으로써, 우리가 그러한 인정에 이르도록 우아하게 이끌어 간다. 그래서, 우리가 "성적인 내용"으로 여기도록 훈련받아 온 내용은 전혀 없는 채로, 이 놀라운 예술은 서사적 가독성의 전복을 과도하게 가시화함으로써, 읽어 낼 수 없는 성적인 것을 읽어내는 법을 가르쳐 준다. 정신분석적 비평이 텍스트의 막힌 곳과 재현의 실패지점들을 찾아내는 데 도움을 준다면, 그것은 또한 형식의 고양된 가시성 안에서 (영구히 지연되고 있을지라도) 임박한 형식의 붕괴를, 또는 프로이트적 '충동'[**]의 재현불가능한 성질을 발견해 내는 자기반성적 움직임일 수도 있다.

프로이트의 텍스트는 섹슈얼리티가 복제를 반복한다는 이론을 구성하면서도 비켜 나가는 과정 속에서 섹슈얼리티의 집요한 복제를 예증하고 있다. 이제 우리는 성적인 것이 문화적으로 살아남을 수 없다는 프로이트의 주장이 성적인 것의 속성을 텍스트상으로 억압한 결과와 다름없다는 것을 알 수 있을 것이다. 그 존속불가능성—문명과 섹슈얼리티의 적대관계—이 "단지" 텍스트상의 현상일 뿐이라는 뜻은 당연히 아니다. 오히려 프로

[**] 여기서 버사니는 충동을 독일어 원어 'Trieb'로 쓰고 있으므로 역자는 이를 강조하고자 하였다. (프로이트 영역본 전집의 역자 제임스 스트래치는 'Trieb'를 'instinct'로 번역하였다.)

이트의 저작은, 내가 믿기로는 인간 역사에서 살인적 공격성으로서 섹슈얼리티를 풀어놓는 과정들이기도 한 억압, 징후적 폭력, 금욕적 승화를 개괄하여 되풀이하고 있다. 다른 한편으로, 섹슈얼리티를 길들이는 일은 어쩌면, 내가 주장하고자 했듯이, 섹슈얼리티의 마조히즘적 속성에 대한 문화적 "전제" 또는 그러한 속성의 재연에 달려 있다. 인간적 삶 속 적응과 쾌의 관계는 환원불가능하게 기능장애적인데, 그 관계는 역설적으로 기능장애 자체에 대해 아이러니하게 반성하고 그것을 반영함으로써만 "교정"된다. 오로지 이 아이러니한 반복—의식의 생산적 오인에 의한 복제—의 과정을 통해서만 마조히즘적 섹슈얼리티의 폭력이 조율되어 문화의 산물, 아니 문화의 과정이 된다. 그렇다면 문화적 상징화가 이 복제 과정의 작용보다 더 불가사의하지는 않을 것이다. 더욱 정확히 말하자면,《문명과 그 불만》의 억압적 메시지를 무시하는 만큼, 문화적 행위들은 풍요롭게 불가사의하고 독특한 에로스화된 반복을 통해서 섹슈얼리티의 집요한 충격을 자유롭게 산포할 수 있고 실제로 그럴 수밖에 없다.

어쩌면 우리 여정의 말미에서 이제, 승화에 대한 이론을 만들어 내지 못했던 프로이트의 실패가 너무나 옳은 것이었음을 알 수 있다. 그 이론은 성적인 것에서 문화적인 것으로의 이행을 억압과 승화의 시나리오로써 설명해야 하는 한에서만 필요한지도 모르니 말이다. 프로이트는 인간 역사에 관한 서사에서 그 자신이 하는 말의 역할을 점점 더 엄격하게 생각하게 되면서 섹슈얼리티와 문명의 연속성을 부인하는 편이었지만, 만약 우리가 섹슈얼리티와 문명 사이에 생산적인 연속성이 있음을 고집한다면 문명에 대한 정신분석의 이론은 어떤 의미에서는 불필요한 것이다. 실제로, 승화에 대한 우리의 생각은 의식의 진동이 유발하는 언제나 모호한 쾌감에 단단히 밀착된 의식의 유희 이상도 이하도 아니니 잊어도 좋다는 설득력 있는 근거를 프로이트의 저작 속에서 (프로이트 자신은 의도치 않았겠지만) 발견했으므로, 마음이 놓인다고 솔직히 이야기하자.

미주

주: 달리 표시하지 않은 경우 프로이트의 원문은 모두 James Strachey, ed., *The Standard Edition of the Complete Psychological Works of Sigmund Freud*, 24 vols. (London: Hogarth, 1953-1974)를 인용한다.

서문

1 반면에, 미국의 정신분석 연구 공동체가 프로이트를 여전히 관념적 영감을 주는 존재로 생각한다고 말하기는 어렵다. 지난 10년가량의 작업으로 미루어 보면, 이른바 정통 프로이트적 입장을 의문의 여지없이 독실하게 옹호하지 않을 경우 미국의 정신분석가들이 프로이트를 정중히 우회하거나 아니면 (그럭저럭 정중히) 무시한다는 결론을 내려야 할 것이다. 굳건한 정통파 입장이 보이는 반사적 작용에 대한 교육적이고 재미있는 정보로는 Janet Malcolm, *Psychoanalysis: The Impossible Profession*(New York: Random House, 1981)을 보라. 나는 정신분석적 사유의—혹은 정신분석에 반대하는—최근의 (미국이나 유럽의) 추세를 개관하지는 않겠다. 하지만 프로이트에 대한 나의 해석이 특히 지난 20여 년 동안 프랑스에서 프로이트 사유의 형이상학적 측면에 대한 관심이 다시 고조되었다는 사실에 빚지고 있으므로, 대략 같은 기간 동안에 정신분석을 미국에서 실천하는 임상의들 사이에서 있었던 주요한 일이 성찰적 형이상학을 거부하는 경향, 임상적 "증거"를 더욱 강조하는 경향, 정신분석을 마침내 성숙한 과학 분야의 분과학문으로 만들 수 있다고 더욱 강조하는 경향이었음을 지적하는 편이 유용할 수도 있겠다. 이런 모든 전개가 의미하는 바에 대해서는, Merton M. Gill and Philip S. Holzman, eds., *Psychology versus Metapsychology: Psychoanalytic*

Essays in Memory of George S. Klein, in Psychological Issues vol. 9, no. 4, Monograph 36(New York: International Universities Press, 1976) 에 실린 논문들을 보라. 정신분석적 모델을 최근 신경심리학의 지식과 양립 가능한 것으로 만들려는 다른 시도로는, E. Peterfreund and J. Schwartz, *Information, Systems, and Psychoanalysis: An Evolutionary Biological Approach to Psychoanalytic Theory*, in Psychological Issues vol. 7, no. 1-2, Monograph 25/26(New York: International Universities Press, 1971) 을 보라. 미국의 수정주의적 사유가 좀 더 대중화된 입장—자연과학에서 온 모델을 거부하는 실증주의적 입장—은 Roy Schafer가 *A New Language for Psychoanalysis*(New Haven: Yale University Press, 1976)에서 주창 한 정신분석의 유명론唯名論이다. 프로이트 이론의 임상적 검증에 대한 더 최근의 비판으로는, Adolf Grünbaum, *The Foundations of Psychoanalysis: A Philosophical Critique*(Berkeley, Los Angeles, London: University of California Press, 1985)를 보라. 정신분석의 과학적 타당성을 검증하려는 시도에 대한 개관은 S. Asher and R. P. Greenberg, *The Scientific Credibility of Freud's Theory and Therapy*(New York: Basic Books, 1977)에서 찾아볼 수 있다.

제1장 이론과 폭력

1 Samuel Beckett, *Three Novels: Molloy, Malone Dies, The Unnamable*, Patrick Bowles and Leo Bersani, trans.(New York: Grove Press, 1955), pp. 166- 167.

2 이 책의 예술에 대한 논의 일부는 나의 이전 저작에서 가져오게 될 것이다. 내 이전의 연구도, 명시적으로 프로이트를 다루고 있지 않을 때에도, 모종의 정신 분석학적 추론에 힘입고 있다고 생각한다. 말라르메를 다루는 부분은 *The Death of Stephane Mallarmé*(Cambridge: Cambridge UP, 1982)에서 가져온 것이 고, 파솔리니에 관한 몇 구절과 아시리아의 조각에 관한 몇몇 구절은 (둘 다

월리스 뒤투아Ulysse Dutoit와의 공저) *October*, no. 13(Summer1980)에 실린 "Merde alors" 그리고 *Forms of Violence: Narrative in Ancient Assyria and Modern Culture*(New York: Schocken Books, 1985)에서 가져왔다.

3 멜라니 클라인Melinie Klein의 영향이 있었을 수 있음을 여기서 기억해야 할 것이다. 텍스트에 붙인 각주에서 프로이트는 "어린아이가 계발하는 슈퍼에고의 엄격함은 어린아이 자신이 겪었던 엄격함과 결코 상응하는 정도가 아님"을 강조했던 클라인(과 "그 외 영어권 저자들")의 공을 인정한다(21:130).

4 Stéphane Mallarmé, *Oeuvres complètes*, Henri Mondor and G. Jean-Aubtry, eds.(Paris: Gallimard, 1945), p. 663. 말라르메의 번역은 필자의 번역이다(역주: 말라르메 원문의 영역을 말함).

5 Ibid., p. 372.

6 Ibid., p. 384.

7 Richard Poirier, "The Difficulties of Modernism and the Modernism of Difficulty," *Humanities in Society*, vol. 1, no. 2(Spring 1978), pp. 271-282.

제2장 섹슈얼리티와 미학

1 Michel Foucault, *The History of Sexuality*, Vol. I: *An Introduction,* Robert Hurley, trans.(New York: Random House, 1980), pp. 98, 105-106, 32, 78.

2 "정신분석"에 관한 1923년의 백과사전 항목에서 프로이트는 이렇게 기술한다. "아이들에게서 섹슈얼리티를 처음 일별하는 것은 실제로 성인에 대한 분석적 고찰을 통해서 알아낸 결과이며, 그렇기 때문에 그처럼 뒤늦게 보게 됨으로써 생겨날 수 있는 온갖 의심과 오류의 원인들에서 벗어날 수 없었다 [mit all den Zweifeln und Fehlerquellen behaftet, die man einer so späten Rückshau zutrauen konnte]. 그러나 이후에 (1908년부터) 아이들에 대한 직접 분석과 또 그들의 행동에 대한 자연스러운 관찰이 시작되었

고, 이렇게 해서 새로운 견해의 사실적 근거가 직접 입증되었다"(18:144).

3 다소 문제가 될 수 있는 예외는 마이클 발린트Michael Balint의 연구이다. 그는 전-쾌감과 마지막-쾌감을 "두 가지 별개의 기능"으로 설명하면서 "마지막-쾌감이 전-쾌감의 기제에서 진화해 나온 것이 아니"라고 주장한다. 발린트에게 문명은 "생식기를 통한 거친 직접적 만족을 제어하고 제한하면서 더욱더 복잡하고 '세련된' 형태의 사랑을 계발"하는 방향으로 움직여 간다. 이는 "전-성기적, 그러므로 유아기의 '도착적' 자극과 만족이 성인의 성기집중성향에 점점 더 많이 침투해 들어가서 그것을 다양한 성애의 기술artes amandi이라는 의미의 '사랑 나누기love-making'로 변화시킨다"는 것을 의미한다. Michael Balint, *Primary Love and Psycho-anaytic Technique*(London: Liveright, 1965), p. 67 과 p. 119 참조.

조지 S. 클라인George S. Klein은 〈섹슈얼리티에 관한 프로이트의 두 가지 이론Freud's Two Theories of Sexuality〉이라는 흥미로운 글에서 프로이트의 사유에 나타나는 "긴장 완화의 쾌감"과 "관능적 쾌감" 혹은 "섹슈얼리티 자체의 경험적 속성"을 구분한다. 클라인에 따르면, 프로이트는 성기의 오르가즘과 관능적 쾌감의 결속이 인간 섹슈얼리티의 원형이 아니라고 보았지만, 사출이라는 요인을 강조하면서 프로이트가 성기 오르가즘에서 파생된 성의 모델에 더 가까워지게 되었다. 클라인은 섹슈얼리티의 특히 "관능적인 차원"을 "원초적이고 현저히 통렬하며 포괄적으로 쾌를 경험할 능력"으로 설명한다. 그가 이 관능적 쾌감을 "진화하는 인지의 구조"라고 기술하면서 강조하는 바는 내가 강조하고자 하는 바와는 달라진다. 관능적 갈망이 "활동하는 인지 구조"가 되는 것이다. Merton M. Gill and Philip S. Holzman, eds., *Psychology versus Metapsychology: Psychoanalytic Essays in Memory of George S. Klein,* Psychological Issues, vol. 9, no. 4, Monograph 36(New York: International Universities Press, 1976), pp. 53-55, 19, 28, 41.

4 Jean Laplanche, *Vie et mort en psychanalyse*(Paris: Flammarion, 1970), pp. 37, 149. 영문으로는 Jeffrey Mehlman이 *Life and Death in Psychoanalysis*(Baltimore: Johns Hopkins University Press, 1976)

로 번역했다.

그렇지만 프로이트에게 있는 사고의 한 가지 흐름—그것을 프로이트적 리얼리즘이라 불러도 좋겠다—에 따르면, 섹슈얼리티는 애초에 대상-리비도로 드러났을 것이다.《세 편의 에세이》에서 프로이트의 사유는 이 점에서 특히 유동적이다. 예를 들어 방금 내가 인용한 대상의 발견 혹은 재발견에 대한 대목에서 프로이트는, "성적 만족이 처음 시작"될 때 "성적 본능은 유아의 몸 외부에서 어머니의 젖가슴이라는 형상을 성적 대상으로 갖는다. 그 본능이 그 대상을 상실하는 것은 나중에서야" 일어나는 일이고 그 본능은 "그때 자기성애적이 된다"고 말한다.

5 Jean Laplanche, *Vie et mort en psychanalyse*, pp. 149-150; Jean Laplanche, *Life and Death in Psychoanalysis*, pp. 87-88.

6 Jean Laplanche, *Vie et mort en psychanalyse*, pp. 155, 165; Jean Laplanche, *Life and Death in Psychoanalysis*, pp. 91, 97.

7 〈도스토옙스키와 아버지 살해Dostoevsky and Parricide〉(1928[1927])에서 프로이트가 범죄자에 대한 도스토옙스키의 "한없는" 동정심에 대해서 "범죄자의 살인충동과 유사한 충동 … 을 기반으로 한 동일시(사실상, 살짝 전치displace된 나르시시즘)"라고 이야기할 때 이 연관성이 명시적으로 드러난다. 프로이트는 이것이 "아주 일반적으로 다른 사람들에게 인정 어린 공감을 하는 기제"라고 덧붙인다(21:190).

8 Sade, *The 120 Days of Sodom and Other Writings*, Austryn Wainhouse and Richard Seaver, trans.(New York: Grove Press, 1966), p. 200.

9 여기서 내가 언급하는 것은 물론 프로이트가 2장 서두에서 인용하는 레오나르도의 노트에 있는 구절이다. "나는 언제나 독수리와 깊은 관련이 있는 운명인 것 같다. 나의 가장 오래된 기억 중 하나는, 내가 요람에 있을 때 독수리가 나에게 내려와서 꼬리로 내 입을 벌리고 꼬리로 입술을 여러 번 내리친 것이었다." 프로이트 전집 표준판의 편집자가 지적하였듯, 프로이트가 사용했던 독일어 번역본에 두 군데 오역이 있었다는 사실에 대해서 많은 논의가 이루어졌다. 이탈리아어 nibio는 "독수리"가 아니라 "솔개"이고, dentro는 (dentro

alle labbra에서) 빠져 있다. [역주: 이탈리아어로 솔개는 il nibbio, 그리고 dentro는 '-안쪽에'라는 의미이고 dentro alle labbra는 '입술 안쪽에'라는 의미이다.]

10 비슷한 맥락으로 프로이트는 〈나르시시즘: 서론On Narcissism: An Introduction〉(1914)에서 "에고 이상ego ideal의 형성"과 승화를 구분한 바 있다. 전자는 "에고의 요구를 고양시키며, 억압을 지지하는 가장 강력한 요소이다. 승화는 일종의 출구로서, 그러한 요구가 억압을 연루하지 않으면서(원문 강조) 충족될 수 있는 길이다"(14:95).

또한 Laplanche, *Problématiques III: La Sublimation*(Paris: Presses universitaires française, 1980), 특히 pp. 109-115를 참조할 것. 1964년의 세미나에서 자크 라캉은 〈본능과 그 변화〉에 대해 논의하면서 프로이트가 승화를 "억압 없는" 성적 충동의 만족으로 정의한다고 지적했다. *Le Seminaire, Livre xi: Les Quatre concepts fondamentaux de la psychanalyse*(Paris: Editions de Seuil, 1973), p. 151[국역본은 맹정현 역, 《자크 라캉 세미나 11: 정신분석의 네 가지 근본개념》(새물결, 2008). 영역본은 *The Seminar of Jaques Lacan, Book XI: The Four Fundamental Concepts of Psychoanalysis*, Alan Sheridan, trans.(New York: W. W. Norton & Company, 1998)].

승화가 "방출 가능성"을 "잉여 리비도"에 제공한다고 보는 아주 흥미로운 견해로는 *Love, Guilt and Reparation and Other Works 1921-1954*(New York: Delta, 1975)에 실려 있는 Melanie Klein의 초기 논문 "Early Analysis"(1923) 참조. 끝으로, 승화와 섹슈얼리티의 상보적 관계 가능성에 대한 논의로는 Kurt Eissler, *Leonardo da Vinci: Psychoanalytic Notes on the Enigma*(New York: International Universities Press, 1961) 참조.

제3장 반복의 쾌

1 〈살로〉에 대한 논평과 이 장의 끝부분에 나오는 아시리아 조각에 대한 논평

은 윌리스 뒤투아와 함께 저술한 논고의 일부이다. 우리가 함께 쓴 "Merde salors," *October*, no. 13(Summer 1980)와 *The Forms of Violence: Narrative in Ancient Assyria and Modern Culture*(New York: Schocken Books, 1985) 를 보라.

2 Derrida, *La Carte postale de Socrates à Freud et au-delà*(Paris: Flammarion, 1980).

3 같은 문단에서 프로이트는 이렇게 쓰고 있다. "우리는 … 어떤 압도적인 경험을 통제할 수 있기 위해서 그 경험을 정신 안에서 되살리는 본능이 일차적 사건으로서 쾌원칙과 별개의 것인지에 관해 여전히 의심을 갖고 있다"(18:16). 또한, 〈본능과 그 변화〉에서 프로이트가 사디즘과 마조히즘을 간략히 논의하면서, 자아와 타자를 정복하려는 충동이 어쩌면 불가피하게 성애화된다고 암시하는 부분을 참고하라(14:129).

4 유아기 섹슈얼리티에 대한 이 관점은 프로이트 저작의 다른 곳에서도 찾아볼 수 있다. 가령, 〈다섯 살배기 꼬마 한스의 공포증 분석A Phobia in a Five-year Old Boy〉(1909)의 "꼬마 한스little Hans"의 사례에서 프로이트는 유아기 억압의 불가피성을 암시한다. 그 불가피성은 아이가 "아기를 낳는다는 어려운 문제"를 해결하거나 "그 해결책에 접근함으로써 자유로워지는 공격적 충동에 대처"하지 못하기 때문이고, 혹은 "종종 즐겼던 자위행위를 통한 충족을 체질적으로 견딜 수 없다는(즉 그토록 높은 강도의 성적 흥분이 집요하게 계속되는 것이 혐오를 가져올 수밖에 없다는) 점" 때문이다(10:136). 또한 〈매맞는 아이A Child is Being Beaten〉(1919; 17:188)와 〈여성의 성욕Female Sexuality〉(1931; 21:231)을 참고하라.

5 Derrida, *La Carte postale*, p. 343.

6 여기 실린 궁전 부조의 사진들은 런던 대영박물관 아시리아 컬렉션의 일부이다. 각 사진에 붙은 설명은 그 장면의 부조가 원래 어느 궁전에서 발견되었는지를 명시하며 각 부분이 부조의 대략 어느 부위에 속하는지를 (대영박물관 카탈로그에 기술된 대로) 명시한다.

제4장 프로이트의 신세계

1 James, *Portrait of a Lady*(New York: Dell, 1961), pp. 190-191.

2 James, *The Golden Bowl*(Harmondsworth, Middlesex, and Baltimore, Md.: Penguin, 1966), p. 517.

3 에고 심리학자들이 보기에 정신분석은 일반 심리학에 포함되어야 하는 것이었다. 물론 내가 주로 염두에 두고 있는 사람은 하인츠 하르트만Heinz Hartmann으로, 그는 "우리는 정신분석이 사회학의 기본 분과학 중 한 가지라고 믿는다"고 강력히 말한 바 있다. Heinz Hartmann, *Ego Psychology and the Problem of Adaptation*, David Rapaport, trans.(New York: International Universities Press, 1958), p. 20.

4 나아가, 에고 발달과 성적 발달 사이의 어떤 불균형은 섹슈얼리티와 증오 또는 공격성의 결속을 강화한다. 나는 인간 섹슈얼리티의 마조히즘적 기원이 섹슈얼리티의 등장에 뒤처지는 에고 발달의―생물학적으로 기능적이지만 또한 기능장애적인―증표라는 점에 대해 숙고해 왔다. 그러나 프로이트 자신은 유아기 섹슈얼리티의 발전사에서 생겨나는 반대의 경우, 즉 "에고 발달이 리비도 발달을 순차적으로 앞지른다"는 점에 대해서 이야기한다. "이런 종류의 조숙함"―그는 1913년에 이를 "강박적 신경증이 잘 생기는 기질"의 일부라고 말했다―은 "성적 본능이 아직 최종적 형태를 갖추지 못한 시기에, 에고 본능의 영향력하에서 대상의 선택을 필연적으로 요구할 것이고, 그래서 전-성기적 성적 조직화 단계에서의 고착은 버려질 것이다". 강박적 신경증 환자는 "초-도덕성super-morality"―구조 이론의 어휘를 사용하자면 특히 엄격한 슈퍼에고라 할 수 있다―을 갖게 되는데, 그것은 그들의 사랑에 내재하는 "적대감으로부터 사랑의 대상을 보호하기 위해서"이다. 하지만 프로이트에 따르면, "에고 발달의 이런 조숙함은 어느 정도" "인간 본성에서 전형적"이다. 이는 우리 모두가 구성상 "증오와 거의 구분되지 않는" "지배 충동"으로밖에 사랑을 이해할 수 없었을 때에도 어느 정도 다른 사람을 사랑할 준비가 되어 있었다는 의미이다. 발달상의 이 특정한 간극이 지니는 기능장애적 측면은 명백하다. 그렇지만 또한 프로이트는, "도덕성의 기원이 생겨날 수 있는 능력"이―

증오의 흥분에 대항하는 방어기제로서— 바로 에고 발달과 성적 발달 단계 사이에서 발생하는 이 비일관적이고 위험한 부조화에 빚지고 있음을 지적한다(12:325).

5 [역주: 버사니의 원문에 미주 5는 그 내용이 있지만 본문에서 어디에 들어가야 하는지를 명시하는 표시가 누락되어 있다. 문맥상 여기에 들어가야 할 것으로 판단하여 역자가 여기에 삽입하였다.] 〈본능과 그 변화〉에서 절시증과 노출증을 간략히 설명하면서 프로이트는 "절시증적 본능의 예비단계"에서 주체 자신의 몸이 에로스적 관심의 대상이 되는데, 이 예비단계를 "나르시시즘적 형성물"로 기술해야 한다고 쓰고 있다. "마찬가지로," 그는 "사디즘이 마조히즘으로 변형되는 것은 나르시시즘적 대상으로의 회귀를 암시한다"고 이어서 말한다. 그리고 이는 "본능이 주체 자신의 에고로 회귀하고 능동성에서 수동성으로 역전되는 등 본능의 변화가 에고의 나르시시즘적 조직화에 달려 있으며 그런 단계의 특성을 지닌다"는 더욱 일반적인 주장으로 이어진다(14:132). 그렇게 나르시시즘과 마조히즘 사이에 분명한 연관성이 만들어진다. 마치, 일단 주체 자신의 몸이 충동의 대상이 되고 나면, 얼마나 "도착적"이거나 해로운지와 상관없이 어떤 성적 충동이든 자아 사랑의 쾌락과 불가분의 관계에 있는 것처럼 말이다. 마조히즘의 바로 그 고통은 자기 자신의 몸에 대한 강렬한 "관심"의 한 가지 형식으로 간주되어야 할 것이다. 다른 글에서 프로이트는 이 연관성의 기원이 유아기 자위행위에 대한 죄책감, 즉 자기 흥분을 고통스러운 것으로 만드는 죄책감에 있을 수도 있다고 시사한다. 〈매 맞는 아이〉를 볼 것(1919; 17:193-195).

6 Gill, "Metapsychology Is Not Psychology," Merton M. Gill and Philip S. Holzman, eds., *Psychology versus Metapsychology: Psychoanalytic Essays in Memory of George S. Klein*, Psychological Issues, vol. 9, no. 4, Monograph 36(New York: International Universities Press, 1976), p. 100.

7 지각 의식: 프로이트가 정신 기제의 주변부에 있다고 보는 의식의 "체계"로, 외부 세계와 내부 세계로부터 감각과 기억 흔적의 형태로 정보를 받아들인다.

8 에고의 적응 능력에 관한 프로이트의 발언이 에고 심리학자들에 의해 강조되
   었던 반면, 프로이트가 에고의 기능장애적인 혹은 적어도 불가사의한 성질 또
   한 빈번히 언급한다는 점은 흥미롭다.《에고와 이드》에서 프로이트는 에고가
   "이드와 현실 사이 중간에 위치"한 결과 종종 "굽실거리고 기회주의적이고 거
   짓말을 하는" 것으로 묘사한다. 그는 또, 한층 모호하고 심오하게, 죽음 본능에
   대한 일종의 취약함이 에고에 내재한다고 암시한다. 첫째로, "동일시와 승화
   작용을 통해서"―이 과정들은 승화되거나 동일시된 대상과의 관계의 탈성애
   화를 연루한다―에고는 이드에 있는 죽음 본능이 리비도를 통제하는 데 도움
   을 주고, 그럼으로써 "죽음 본능의 대상이 되는 위험, 그 자신이 소멸하게 되
   는 위험을 무릅쓴다". 둘째로, "에고가 하는 승화 작용이 본능의 분산과 슈퍼
   에고에 있는 공격적 본능의 해방을 초래하기 때문에, 리비도에 맞서는 에고의
   분투는 에고를 학대와 죽음의 위험에 노출한다"(19:56). 몇 년 뒤,《정신분석
   학 개요An Outline of Psycho-analysis》(1940[1938])에서 프로이트는 "에고의
   조직상의 약점"이 "성적 기능에 대한 에고의 태도," "마치 자기 보존과 종의 보
   존 사이의 생물학적 대립이 그 지점에서 심리적 표출구를 찾았다는 듯한" 태
   도에 있다고 보았다(23:186).

9 Bersani, *Baudelaire and Freud*(Berkeley, Los Angeles, London: University
   of California Press, 1977), pp. 114-115. 에고 형성과 슈퍼에고 형성 사이
   의 이 유비관계는 물론 프로이트가 아주 명시적으로 강조하는 그 둘 사이의
   관계, 즉 그 둘의 갈등관계를 부정하려는 의도가 아니다. 그렇지만 그 갈등의
   측면은 대체로 에고에 내재하는 부정negating과 자기 처벌의 경향을 극적으로
   표명하는 것일 수도 있다. 에고와 슈퍼에고 사이 갈등의 알레고리는 그러한
   경향들을 극적으로 이해 가능하게 해 준다. 혹은, 라캉적 관점에서 우리는 에
   고와 슈퍼에고의 관계가 지니는 바로 그 "반사적 특성specularity"이 의식에 편
   집증적 구조를 도입한다고 할 수 있을 것이다.

10 Jean Laplanche, *Problématiques 1: L'Angoisse*(Paris: Presses universitaires
   française, 1980), pp. 345-346.

11 Gille Deleuze and Felix Guattari, *L'Anti-Oedipe: Capitalisme et*

schizophrénie((Paris: Editions de Minuit, 1972); *Anti-Oedipus: Capitalism and Schizophrenia*, Robert Hurley, Mark Seem, and Helen R. Lane, trans.(New York: Viking, 1977).

12 라캉은 이런 주장을 끈질기게 공격했다. 이런 점이 그가 역사적으로 중요한 큰 이유라고 생각한다.

13 〈비전문가 분석의 문제The Question of Lay Analysis〉(1926)에 붙인 1927년의 첨언에서 프로이트는 정신분석을 "심리학의 일부"로 이야기하고 있으며, 정신분석이 "특화된 의학의 한 분야가 아니"라고 단언한다(20:252). 임상치료에 대한 프로이트의 의구심에 대해서는 《새로운 정신분석 강의New Introductory Lectures on Psycho-Analysis》(1933[1932])에 실린 〈서른네 번째 강의: 해명, 응용과 방향 설정(Lecture 34)〉을 참조하라. 그 강의에서 그는 자신이 "임상치료에 열광한 적은 절대 없었다"고 쓰고 있다(22:151). 〈끝낼 수 있는 분석과 끝낼 수 없는 분석Analysis Terminable and Interminable〉(1937) 역시 관련이 있다. 이 글에서 프로이트는 분석이 어째서 "이론적으로는 언제나 옳지만 임상적으로 언제나 옳지는 않은" 것인지를 논한다(23:229). 그렇지만, 흥미롭게도, 정신분석의 치료적 효과에 대한 이 의심은 프로이트 말년에는 개인과 사회의 정신건강을 회복시키는 지성과 이성의 힘에 대한 확신—혹은 적어도 프로이트의 입장에서 보기에 합리적인 희망—과 공존한다. 프로이트는 《새로운 정신분석 강의》의 〈서른다섯 번째 강의: 세계관에 대하여(Lecture 35)〉에서 "미래에 대해 우리가 가질 수 있는 최대의 희망은, 지성—과학의 정신, 이성—이 시간이 지나면서 인간의 정신생활에 지배권을 확립할 수 있게 되는 것"이라고 하였다(22:171).

14 대체로 빌헬름 라이히Wilhelm Reich의 이력은 정신분석의 역사에서 이론적, 사회적 굴복에 지칠 줄 모르고 맞섰던—대부분 명석한—저항의 연속이었다.

찾아보기

프로이트의 몸: 정신분석과 예술

초판 1쇄 발행 | 2021년 1월 29일
초판 2쇄 발행 | 2022년 1월 5일

지 은 이 | 리오 버사니
옮 긴 이 | 윤조원
펴 낸 이 | 이은성
편   집 | 최지은
디 자 인 | 이다래
펴 낸 곳 | 필로소픽

주   소 | 서울시 동작구 상도동 206 가동 1층
전   화 | (02) 883-9774
팩   스 | (02) 883-3496
이 메 일 | philosophik@hanmail.net
등록번호 | 제379-2006-000010호

ISBN 979-11-5783-208-8 93100

필로소픽은 푸른커뮤니케이션의 출판 브랜드입니다.